Pendo

Gudrun Sonnenberg

KOLLEGE ICH

Die Kunst, allein zu arbeiten

Pendo München und Zürich

INHALT

VORWORT

Allein arbeiten: Das tun viele Menschen. Manche manchmal, andere immer. Also geht es in diesem Buch eigentlich um etwas ganz Normales. Und doch breitet sich um das Alleinarbeiten der Hauch des Geheimnisses aus. Denn wer weiß schon, was sie den ganzen Tag tun, diese Einzelkämpfer? Sind sie wirklich so diszipliniert und arbeiten die ganze Zeit? In welche Welt tauchen sie ab, wenn niemand bei ihnen ist? Wer allein arbeitet, stößt bei seinen Mitmenschen auf Bewunderung, auf freundliches Mitleid oder auf Befremden. Einzelkämpfer müssen damit leben, dass sie andere einschüchtern, weil man sie für unabhängige, überdurchschnittlich leistungsfähige Persönlichkeiten hält. Manchmal begegnen sie auch dem unterschwelligen Verdacht, sie seien kontaktgestört und teamunfähig. Viele Menschen haben selbst ein paar mehr oder weniger leidliche Erfahrungen mit dem Alleinarbeiten gemacht – oft bleibt ein schales Gefühl zurück, weil man nicht so fleißig war, wie man sich eigentlich vorgenommen hatte. Dann schämt man sich – und hält die Klappe.

Wie es ist, allein zu arbeiten, soll dieses Buch beleuchten. Es basiert auf den Erfahrungen, die ich selbst mit dem Alleinarbeiten gemacht habe. Es kommen aber auch Freunde, Bekannte und Kollegen zu Wort, die mir für dieses Buch bereitwillig ihre Zeit geopfert und mit großer Offenheit von ihren Erfahrungen erzählt haben. Weil sie logischerweise nicht nur über Erfolge und den Spaß dabei berichten, sondern auch über Abgründe und Abstürze, über Angst, Verzweiflung und Versagen gesprochen haben, und über die kleinen Tricks, die man eigentlich nie irgendwem verrät, habe ich ihre Namen und Daten alle anonymisiert.

In manchen dieser Gespräche habe ich von Dimensionen des Alleinarbeitens erfahren, die ich selbst nicht kennen gelernt habe, was meinen Horizont erweitert und meine eigenen Erfahrungen relativiert hat. In anderen kamen Aspekte zur Sprache, die mir sehr vertraut waren, was mich irgendwie erleichtert hat: Ich bin ganz normal, anderen ergeht es nicht viel anders, habe ich gedacht – als Einzelkämpferin ist man sich diesbezüglich ja nie ganz sicher … In jedem Fall hat der rege Austausch über das Alleinarbeiten dazu geführt, dass ich mir viele Gedanken über Dinge gemacht habe, die mir vorher selbstverständlich erschienen; eine Reflexion, von der ich sehr profitiert habe, was ich auch den Lesern dieses Buches wünsche.

Gudrun Sonnenberg, im April 2005

1. EINLEITUNG

Wer arbeitet eigentlich allein?

Wir kennen sie nicht, sie fallen nicht auf, aber sie sind mitten unter uns: Menschen, die alleine arbeiten. Einzelkämpfer. Solisten. Solo-Unternehmer, Einzelunternehmer, Ein-Personen-Unternehmen, Arbeitskraftunternehmer – oder wie auch immer wir sie nennen wollen. Sie sitzen im Home Office in der Wohnung über uns oder im Einzelbüro gegenüber. Sie überholen uns mit ihrem gepflegten Auto auf der Autobahn. Manche stehen morgens neben uns in der U-Bahn und trinken mittags in dem Café, das wir auch gerne aufsuchen, einen Cappuccino. Dass sie alleine arbeiten, sehen wir ihnen nicht an. Warum auch? Sie sind Menschen wie alle anderen und verhalten sich wie alle anderen. Sie arbeiten halt allein. Ganz normal eigentlich, und doch bemerkenswert: Während es nämlich über Themen wie Teamarbeit, Konfliktlösung, Personalführung und andere Aspekte menschlichen Zusammenarbeitens nicht nur unzählige Publikationen, sondern vermutlich noch viel mehr Gespräche gibt, breitet sich über das Dasein als Einzelkämpfer ein Mantel des Schweigens aus. Dabei ist das Leben der Einzelkämpfer nicht weniger aufregend als das der Teamarbeiter. Wer allein arbeitet, lacht, liebt, kämpft und leidet ebenso wie derjenige, der sich mit Kollegen auseinander setzt. Er hat seine Erfolge, aber auch seine Probleme. Sich damit auseinander zu setzen, ist nicht minder interessant, als über Mobbing, Teamkollegen oder Synergieeffekte nachzudenken. Allein zu arbeiten, hat mindestens ebenso viele Gesichter wie die Arbeit im Team. Vielleicht sogar noch mehr.

Wenn man genau hinschaut, sieht man, dass viel mehr Menschen allein arbeiten, als es auf den ersten Blick den Anschein hat. Da sind zunächst einmal die klassischen Solisten: freischaffende Autoren, freischaffende Fotografen, Bildhauer, Maler, Grafiker, Designer, Illustratoren – viele Menschen, die kreative Tätigkeiten ausüben, tun dies allein. Zwar gibt es auch kreative Teams – man denke nur an das berühmte Paar Christo und Jeanne Claude, die ihre Verpackungskunstprojekte immer als Team planen und großen Wert darauf legen, dass die Welt dies auch so wahrnimmt. Auch Bücher lassen sich als Gemeinschaftswerke verfassen. Doch trotz aller Ausnahmen: Die meisten Autoren, Künstler und Kreativen arbeiten allein. »Ich muss viel allein sein. Was ich geleistet habe, ist nur ein Erfolg des Alleinseins«, schrieb der Schriftsteller Franz Kafka.

Ganz offensichtlich allein arbeiten auch die Studierenden, auch wenn sie mit ihrer Arbeit gar kein Geld verdienen. Jeder, der ein Studium hinter sich gebracht hat, erinnert sich sicher an die vielen Stunden, Tage, Monate am Schreibtisch zu Hause, in der Bibliothek, in denen man an Seminararbeiten, oder, erst recht, an der Abschlussarbeit gesessen hat. Für manche sind diese Erinnerungen qualvoll, weil es eine einsame und schwierige Zeit war. Wer ein Fernstudium oder einen Fernlehrgang absolviert hat, wird besonders intensiv mit der Einsamkeit gekämpft haben. Andere Menschen haben diese intensive Studienarbeit als ruhig, konzentriert und unabhängig empfunden und denken gerne an sie zurück. Gemein dürfte fast allen die Erinnerung an die Herausforderung sein, mit sich selbst zurechtzukommen.

In alltäglicheren Berufen erkennt man die Einzelkämpfer nicht immer sofort, aber sie finden sich auch hier: Allein arbeitet, wer allein im Labor steht und forscht, wer im Büro sitzt und andere Menschen berät, wer Versicherungen verkauft, Rechnungen ausstellt oder Seminare organisiert. Allein arbeitet auch, wer im Lkw sitzt und durch Europa fährt, wer von Haus zu Haus zieht und Schornsteine säubert, wer Post austrägt. Allein arbeitet, wer durchs Land fährt und Staubsauger, Teppiche oder Lippenstifte verkauft; wer Warenmuster präsentiert und wer Waren ausliefert. Allein arbeiten viele Seelsorger, aber auch niedergelassene Anwälte, Ärzte oder Therapeuten, Lehrer. Dass man sie nicht immer als Solisten wahrnimmt, liegt daran, dass sie ihre Tätigkeit nicht immer abgeschieden und fern von anderen Menschen ausüben. Manche Verkäufer zum Beispiel verbringen den ganzen Tag allein in ihrem Laden. Meistens sind das kleine Geschäfte, Buchantiquariate zum Beispiel, oder Boutiquen, Schreibwarenläden, Kioske. Oder Filialen, in denen nur eine Kraft beschäftigt ist. Secondhandläden sind oft Ein-Mann-Betriebe, in denen die Besitzer selbst und allein ihre Ware verkaufen. All diese Verkäufer schlagen sich allein mit den Umsätzen und dem Sortiment herum. Dabei führen sie jedoch kein Eremitendasein, denn schließlich kommen Kunden in ihren Laden und unterbrechen die Stille, und mit ihnen reden die Verkäufer natürlich auch. Doch wer einmal in einem schlecht laufenden Laden gestanden und gehofft hat, dass die Kundin, mit der man gerade so nett plaudert, auch etwas kauft, der kann nachvollziehen, wie allein man sich in eben solchen Momenten fühlt: Kunden sind keine Kollegen! Mit Kunden arbeitet man nicht zusammen, sondern man berät sie und verkauft ihnen etwas. Das ist ein entscheidender Unterschied, den auch Lehrer nachvollziehen können: Halbe oder ganze Tage verbringen sie unter Menschen und stehen dabei meistens im Mittelpunkt. Doch die vielen Menschen, mit denen sie zu tun haben, sind ihre Schüler, nicht ihre Kollegen. Klar, Kollegen gibt es auch. Gemeinsamer Unterricht ist aber an den meisten Schulen nicht vorgesehen, die Kollegen haben oft wenig Interesse oder wenig Zeit, sich auszutauschen, und am Ende steht dann jeder Lehrer wieder allein vor der Klasse. Ebenso, wie sich niedergelassene Ärzte trotz ihrer Arzthelferinnen mit den Problemen der Patienten oder Fragen der Behandlung allein auseinander setzen; die Helferinnen können ihnen mangels Qualifikation kaum dabei raten. Letztlich ist es auch eine Frage, welches Verhältnis man zu den Kollegen hat: Diskutieren die Anwälte in der Gemeinschaftskanzlei miteinander über schwierige Fälle, helfen sie sich gegenseitig und arbeiten gemeinsam Strategien aus? Oder macht jeder sein eigenes Ding, ohne weiteren Austausch?

Sieht man einmal von den vielfältigen äußeren Umständen ab, so ist wohl das augenfälligste Merkmal des Alleinarbeitens, dass man sich und seinen Arbeitsprozess selbst organisiert, ohne dass einem jemand reinredet bzw. hilft. Dabei bekommen manche Einzelkämpfer zwar von außen klare Vorgaben, was am Ende ihres Arbeitsprozesses für ein Ergebnis herauszukommen hat; Versicherungsvertreter zum Beispiel müssen bestimmte Umsätze erzielen. Aber: Wie und wann sie das machen – ob sie alle Kundengespräche montags führen und den Rest der Woche im Bett verbringen – ist ihre Sache. Das gilt auch für Texter oder Grafiker, die zu einem bestimmten Termin eine Broschüre fertig stellen müssen. Sie können jeden Tag ganz regelmäßig sechs Stunden arbeiten; sie können auch drei Wochen faulenzen und dann zwei Wochenenden durchackern. All das ist ihnen überlassen. Dem Auftraggeber ist nur wichtig, dass er am Schluss termingerecht ungefähr das erhält, was vereinbart war. Damit hat der Einzelkämpfer eine große Freiheit – nämlich so zu arbeiten, wie es ihm und seinen Fähigkeiten entspricht. Er trägt aber auch die Last: Wenn er gegen Lustlosigkeit, Müdigkeit oder Disziplinschwierigkeiten ankämpfen muss.

Besondere Disziplin verlangt das Alleinarbeiten, wenn es gar keinen Auftrag gibt, sondern selbst gesteckte Ziele. Die wissenschaftlichen Qualifikationen – Studienabschlussarbeiten oder Promotion – gehören in diese Kategorie. Man möchte sie schreiben und sollte sie schreiben, aber wenn man es nicht tut, sind vielleicht Freunde und Familienangehörige enttäuscht, aber niemand wird irgendetwas einklagen, es gibt keinen Abnehmer, der sich nun angesäuert andernorts einen Ersatz suchen muss.

Solange es keinen Vertrag gibt, fordert nur man selbst sich heraus. Hat man keinen Auftrag von anderen Menschen, dann braucht man eine starke innere Motivation. Manche Menschen stürzt das in eine Krise, sie brechen ihr Studium ab, die Promotion bleibt liegen. Oder es unterbleibt einfach die eigentlich dringende notwendige Akquise neuer Aufträge – ein ganz kritischer Punkt für viele Selbstständige. Denn solange man nicht akquiriert hat, fehlt ja der äußere Druck, das wiederum verführt zum Schlendrian, bis die Luft dünn bzw. das Konto ziemlich leer wird.

Manchmal aber führt diese Freiheit auch zu einem grandiosen Gefühl von Unabhängigkeit und Selbstbestimmung. Wenn man sich einmal ganz ungestört mit einer Frage auseinander setzen kann, sich von seiner Neugier treiben lässt und auf die innere Stimme hört, die andernorts schnell vom Lärm der Mitmenschen übertönt wird. Wer allein arbeitet oder lernt, hat die Chance, ganz bei sich zu sein, seinem eigenen Wesen entsprechend zu arbeiten, seinen eigenen Weg zu gehen. Im Idealfall verschmelzen Arbeits- und Lebenszeit, werden ein und dasselbe. Allein zu arbeiten heißt auch, sich selbst sehr nahe zu kommen. Unter Umständen ist das fast so schön, wie verliebt zu sein.

Freilich arbeiten die meisten Menschen nicht der Selbstfindung wegen allein, sondern weil es in ihrem Beruf nicht anders geht. Manche von ihnen sind glücklich dabei, kommen gut zurecht und genießen es, dass sie sich und ihre Fähigkeiten entfalten können, und haben vergleichsweise wenige Schwierigkeiten. Andere fühlen sich einsam und sind unglücklich, weil sie nicht genug kommunizieren. In vielen Berufen hat man zum Glück die Wahl: Man kann freiberuflich arbeiten, aber man könnte sich auch ein Team und eine Festanstellung suchen. So können sich, um nur ein Beispiel zu nennen, Psychologen niederlassen und Patienten in der eigenen Praxis therapieren, sie können aber auch als Gefängnispsychologen arbeiten oder als Gutachter. Wie viel glücklicher sie damit sind, hängt natürlich von den Kollegen, vom Vertrauen im Team, von der Arbeitsatmosphäre und davon ab, wie gut man tatsächlich zusammenarbeitet.

Die Sache mit den Alternativen hat allerdings einen ganz gewaltigen Haken, denn es gibt sie oft nur theoretisch. Sich eine Stelle suchen und ein Team ist nicht einfach in einer Zeit, in der allein in Deutschland mehr als fünf Millionen Menschen auf Stellensuche sind. In manchen Branchen ähnelt es gar einem Glücksspiel. Es gibt einfach nicht genug Jobs für all die Menschen, die einen bräuchten. Dabei spielen nicht nur die Ausbildung und die Motivation eine Rolle. Auch gut qualifizierte und arbeitswillige Personen haben es schwer. Entweder gibt es wirklich keine Jobs oder die Unternehmen stellen unangemessen hohe Ansprüche bei der Personalauswahl. Unter Letzterem leiden zum Beispiel Mütter oder Frauen, die Mütter werden könnten. Oder Menschen, die älter sind als vierzig Jahre. Es ist inzwischen für die meisten Menschen sehr schwer, eine Stelle zu finden, fast unabhängig von der Qualifikation. Zwar sind nicht alle Branchen gleichermaßen von der Jobkrise betroffen, doch verschonen tut sie wohl kaum jemanden; nicht einmal »solide« Berufe, wie z. B. die Tätigkeit als Ingenieur, sind noch vor Arbeitslosigkeit sicher.

Und was tut man, wenn andere einen nicht haben wollen? Man pfeift drauf und zieht sein Ding alleine durch! Nun ja. So einfach ist es natürlich nicht. Aber der Gedanke, ein eigenes Geschäft aufzuziehen, wenn sich abhängig keine Perspektive mehr ergibt, liegt natürlich nahe. So nahe, dass nicht nur die betroffenen Arbeitslosen darüber nachdenken oder tatsächlich versuchen, ihre Ideen in die Praxis umzusetzen, sondern dass längst auch die Politik auf diesen Zug aufgesprungen ist. In dem Begriff »Ich-AG« manifestiert sich der Trend, die Verantwortung für das Wohlergehen des Einzelnen auch dem Einzelnen selbst zuzuschieben. Wer eine »Ich-AG« gründet, erhält bis zu drei Jahre lang ein paar hundert Euro monatlich als Unterstützung, wenn er sich selbstständig macht. Diese Selbstständigkeit kann eine Unternehmensgründung sein, aber auch ein Tagelöhnerdasein als Putzhilfe – eben alles, was freiberuflich machbar ist. Nicht umsonst wurde der Begriff »Ich-AG« von Sprachkritikern im Jahr 2002 zum Unwort des Jahres gewählt. Neben der »Ich-AG« fördern die Arbeitsagenturen mit so genanntem Überbrückungsgeld schon länger Existenzgründungen. Im Erfolgsfall helfen beide Förderungen Menschen, sich wieder selbst zu ernähren, wieder arbeiten zu können. Andererseits gliedern sie sie damit auch aus der Solidargemeinschaft aus, denn wer selbstständig ist, fällt mittelfristig aus der Arbeitslosenversicherung und den anderen Sozialversicherungen heraus.

Damit ist die Arbeitsmarktverwaltung auf einen Zug aufgesprungen, der schon seit längerem rollt: Individualisierung der Verantwortung. Der Sozialstaat kapituliert und entlässt seine

Schäfchen in die freie Wildbahn. Dahinter steckt einerseits die Unfähigkeit des marktwirtschaftlichen Systems, die Ungleichgewichte auf den Märkten so zu regulieren oder auszugleichen, dass es möglich ist, auch eine größere Anzahl benachteiligter Menschen gemeinsam mitzuversorgen. Die Gemeinschaft in Gestalt der Staatskassen und Sozialversicherungen verliert ihre Kraft. Sie muss sich verschulden, um den Ansprüchen derer nachzukommen, die keine Arbeit und kein Einkommen mehr finden. Je mehr Menschen die Sozialsysteme in Anspruch nehmen, desto weniger kann der Einzelne erwarten. Politisch reagieren darauf inzwischen alle handlungsfähigen Kräfte mit dem Ruf nach der Verantwortung des Einzelnen, und dieses Postulat wird auch umgesetzt: Wer sich ärztlich behandeln lässt, muss Teile der Kosten selbst tragen, wer im Alter oberhalb der Armutsgrenze leben will, muss selber vorsorgen, und Studierende müssen jetzt Gebühren zahlen.

Andererseits verbirgt sich hinter der Individualisierung aber auch der Glaube, dass die Individuen schneller, flexibler, anpassungsfähiger und handlungsfähiger sind als größere Organisationen. Von einer »Kultur der Selbstständigkeit« versprechen sich deutsche Politiker nicht nur die Entlastung der sozialen Sicherungsinstitutionen, sondern auch eine größere Effektivität der arbeitenden Subjekte: Weniger Kosten für Unternehmen, stattdessen mehr Service, mehr Einsatz, mehr Innovation und vielleicht am Ende sogar ein wirtschaftlicher Aufschwung – so ungefähr lassen sich die optimistischsten Erwartungen skizzieren; und die realistischeren besagen, dass die Selbstständigen eben schneller und besser selbst ihre Chancen und Arbeitsmöglichkeiten finden als eine Arbeitsverwaltung oder ein potenzieller Arbeitgeber, der nur Aufträge, aber keine vollen Jobs zu vergeben hat.

Kurz: Die Stunde des Individuums hat längst geschlagen. Das kann man allerdings nicht nur als Entsolidarisierung betrachten, sondern es korreliert durchaus mit dem subjektiven Empfinden mancher Menschen. Selbstständig sein, sein eigenes Leben leben, selbst entscheiden: Das sind die positiven Visionen, die die Menschen in der Individualisierung sehen. Es bedeutet, sich nicht mehr so viel vorschreiben zu lassen, keine starren Arbeitszeiten zu haben, sich weiterzuentwickeln und zu verändern, wenn einem danach ist, und zu versuchen, mehr nach den eigenen Bedürfnissen zu leben. Wen reißt schon noch die Perspektive vom Hocker sein ganzes Leben lang das Gleiche zu tun? Wer möchte sich nicht gerne mal einen Tag freinehmen oder mal früher gehen und dafür ein anderes Mal einfach länger bleiben? Oder mal weniger arbeiten, dafür von zu Hause aus?

Schön wäre es, wenn der gesellschaftliche Ruf nach mehr Eigenverantwortung und die individuellen Wünsche nach Selbstbestimmung tatsächlich immer so gut zusammenpassen würden, dass die Individuen sich ganz nach ihren Bedürfnissen selbst verwirklichen könnten. Für einige trifft dies glücklicherweise auch zu. Manchen Menschen kommt es entgegen, wenn ihnen der Start in die Selbstständigkeit, die sie schon lange geplant hatten, mit Fördergeldern versüßt wird. Wenn Unternehmen Arbeitsplätze abbauen und stattdessen Aufträge an Freiberufler und Zulieferer vergeben. Weil sie nun eigene Entscheidungen treffen und selbst aktiv sein können. Aber so sieht die Individualisierung eben nur im Glücksfall aus. Viele Menschen arbeiten eher unfreiwillig freiberuflich. Bei ihnen kann von Selbstbestimmung keine Rede sein, sondern sie hatten gar keine Wahl, denn sie haben einfach keine Festanstellung gefunden. Sie wollten nie allein arbeiten und in ihren Adern fließt auch kein kaufmännisches Blut. Sie arbeiten deshalb allein, weil der Arbeitsmarkt gerade einfach nichts anderes hergibt, weil sie keine andere Perspektive haben und vielleicht schon ziemlich verzweifelt sind.

In diesem Zusammenhang sind Selbstständigkeit und Freiberuflichkeit trügerische Begriffe. Oft verbirgt sich hinter ihnen eher eine Art modernes Tagelöhnertum: Wer vorher angestellt, sozialversichert und zu tarifvertraglich ausgehandelten Konditionen mit Kündigungsfrist gearbeitet hat, wird entlassen und arbeitet nun auf eigenes Risiko freiberuflich weiter. »Freie Mitarbeiter« heißen diese Selbstständigen dann. Oder »Pauschalisten«, vielleicht auch »Honorarkräfte«. Sie melden sich beim Finanzamt als so genannte Einzelunternehmer, aber von Unternehmertum kann eigentlich keine Rede sein. Nur das Risiko tragen sie wie ein Unternehmer. Das heißt: Sie arbeiten von morgens bis abends in der gleichen Firma wie vorher, nur dass sie jetzt von einem auf den anderen Tag kündbar sind. Oftmals arbeiten sie für ein und denselben Auftraggeber, sind vollkommen abhängig von ihm. In der Medienbranche sind solche Arbeitsverhältnisse an der Tagesordnung. Die Betroffenen arbeiten als freie Fotografen, freie Grafiker, freie Redakteure. Aber auch in anderen Branchen finden sich solche nur scheinbar freien und in Wahrheit doch abhängigen Beschäftigten. Zum Beispiel arbeiten Vertriebsingenieure, Immobilienmakler, Versicherungsvertreter oder Finanzberater meist auf Provisionsbasis, da sie oftmals einfach keine andere Wahl haben, als sich auf diese zweitklassigen Arbeitsverhältnisse einzulassen. Wenn dann ein Absatzmarkt zusammenbricht und die Unternehmen die Etats streichen, sind die Kleinen die Ersten, deren Existenz zusammenbricht, weil die Aufträge gestrichen werden. Oder die Honorare geschmolzen werden. Manchmal hören die Großen auch einfach auf zu zahlen. Immer wieder gehen kleine Betriebe daran kaputt, dass ihre Außenstände nicht beglichen werden.

Weil die Selbstständigen häufig nur scheinbar selbstständig sind, und der Freiberufler dann doch im Team arbeitet, ist es sehr schwer, eine Größenordnung festzulegen, wie viele Menschen denn nun tatsächlich allein arbeiten. Zählen kann man Existenzgründer oder die Einzelunternehmer, die bei den Finanzämtern gemeldet sind. Die Zahl der Selbstständigen in Deutschland ist in den letzten Jahrzehnten gestiegen und liegt nach der Jahrtausendwende zwischen drei und vier Millionen. In den 90er-Jahren ist innerhalb der Gruppe der Selbstständigen wiederum der Anteil der Ein-Personen-Unternehmen gestiegen, also derjenigen, die ganz allein, ohne Angestellte, arbeiten. Aber gerade bei ihnen bleibt unklar, ob sie nun wirklich allein oder eben scheinselbstständig in einem Unternehmen arbeiten, oder vielleicht eng mit einem anderen Einzelunternehmer zusammen, oder ob sie in verschiedenen Teams auf Honorarbasis aushelfen. All das kann man den Zahlen nicht ansehen. Umgekehrt ist eine Festanstellung keine Garantie für Teamarbeit – auch, wer in einem Unternehmen tätig ist, arbeitet unter Umständen allein. Gerade in Zeiten des Personalabbaus ist mancher Kollege gegangen, manche Aushilfe gestrichen worden, wird in manchem Außenbüro von einem Einzelkämpfer die Stellung gehalten – trotz Festanstellung ganz allein.

Und was erwartet diejenigen, die sich aus welchen Gründen auch immer auf das Abenteuer des Alleinarbeitens einlassen? Wie leben sie? Wie fühlen sie sich und was tun sie überhaupt den ganzen Tag? Geht es ihnen gut mit dem Alleinarbeiten? Oder nicht? Darüber hört und liest man wenig. Wenn andere Menschen von den Auseinandersetzungen im Team berichten, können Einzelkämpfer nur von den Auseinandersetzungen erzählen, die sie mit sich selber führen. Aber wer möchte schon auf diese Art sein Seelenleben ausbreiten? Brühwarm etwas über den Durchhänger am Vormittag erzählen oder über die Angstzustände am Schreibtisch? Oder jubeln, dass man es endlich mal geschafft hat, seinen Tagesplan einzuhalten – wirkt das nicht alles ziemlich uncool und unprofessionell? Oder gar peinlich?

Im schlimmsten Fall läuft man am Schluss durch die Gegend und denkt, man sei der Einzige, der nicht zurechtkommt, schämt sich und hat ein schlechtes Gewissen. Im besseren Fall hat man einen Kloß im Hals, weil man sich mal wieder allein über ein gelungenes Projekt freut. In beiden Fällen kriegt keiner mit, was los ist. Schade eigentlich! Denn Einzelkämpfer sind zwar sehr verschieden. Aber sie eint, dass sie eigentlich eine ganze Menge zu erzählen hätten. Was nicht nur für sie selber interessant ist, sondern erst recht für Menschen, die vielleicht einen Alleingang planen und nicht so recht einschätzen können, was auf sie zukommt. Und auch so mancher bereits allein arbeitende Kollege dürfte die Ohren ganz weit aufstellen, wenn er hört, dass die anderen genau die Probleme haben, über die er sich selber nie zu sprechen traut.

2.

Aller Anfang ist (meistens) schön

Wer sich daran macht, allein zu arbeiten, hat meistens einiges zu organisieren. Eine Anmeldung beim Finanzamt, den Abschluss der richtigen Versicherungen, eine kurze Einarbeitung in die Erfordernisse korrekter Rechnungsstellung und Buchhaltung, falls er selbstständig ist. In jedem Fall muss der Arbeitsplatz eingerichtet werden, vielleicht ein neuer Telefonanschluss gelegt und eine neue Telefonnummer verbreitet werden. Oder es ist ein Dienstwagen anzuschaffen, ein hochleistungsfähiger PC, Werkzeug oder mindestens ein Kofferradio für die einsamen Stunden. Was auch immer man hinter sich hat, irgendwann lässt man sich mehr oder weniger schnaufend auf den neuen Arbeitsplatz fallen, und nun ist klar: Jetzt geht es los. Ganz allein. Und nun?

Warum man allein arbeitet: Sieben Gründe

Schön wäre es, man könnte behaupten, dass jeder, der allein arbeitet, sich aus freien Stücken dafür entschieden hätte. Das wäre zu schön, um wahr zu sein, und deshalb wollen wir es auch lieber nicht behaupten. Allein zu arbeiten ist für manche Menschen eine feine Sache, von der sie lange geträumt haben, und wenn sie sie realisiert haben, sind sie sehr glücklich. Für andere Menschen aber ist es eine Qual, eine Situation, in die sie unfreiwillig geraten sind und mit der sie nur langsam und unter großen Schwierigkeiten umzugehen lernen. Oder gar nicht.

Wenn man sie fragt, sagen erst mal fast alle Einzelkämpfer, dass sie sich das Alleinarbeiten selber ausgesucht haben, dass sie es gern und freiwillig und mit guten Gründen tun. Ob man ihnen im Einzelfall immer glauben möchte, sei dahingestellt. Aber ganz bestimmt ist es nicht so, dass sie alle schwindeln! Zwar mögen tatsächlich manche Gründe wie Not oder Ausgrenzung eher peinlich sein, aber es gibt tatsächlich auch eine ganze Reihe guter Gründe, um von sich aus alleine arbeiten zu wollen.

Grund 1: Die Tätigkeit

Vor allem die kreativen und künstlerischen Tätigkeiten, die viel mit individuellen Vorstellungen zu tun haben, lassen sich oft nur alleine ausführen.

Zum Beispiel wusste Jochen, Hörspielautor, schon in der Schule, dass er schreiben wollte. Und bezeichnet es heute als seinen »größten Fehler«, dass er nicht gleich nach der zehnten Klasse abgegangen sei und mit dem Schreiben angefangen habe. Stattdessen quälte er sich noch fast bis zum Abitur, dann sechs Monate in der Bundeswehr – und dann hielt ihn nichts mehr: »Dann hab ich nur noch geschrieben.« Seitdem arbeitet er immer allein, rund 20 Jahre sind es jetzt. Darunter gelitten hat er nie. Hauptsache, er konnte machen, was er am meisten liebte: sich Geschichten ausdenken. Das Bedürfnis, mit anderen zusammenzuarbeiten, hatte Jochen nie. Ausflüge in die Teamarbeit hat er trotzdem mal unternommen – um in den Markt für Fernsehdrehbücher einzusteigen. Und prompt stellte sich heraus: »Autoren sind dafür einfach zu eitel. Jeder will seins machen; es hat nicht geklappt.«

Auch der Maler Walter arbeitet allein. Wie die meisten seiner Kollegen. Er kann sich auch nicht vorstellen, in seinen Schaffensprozessen eng mit jemandem zusammenzuarbeiten, sondern braucht dazu die Einsamkeit. »Ich muss mich auch immer wieder komplett zurückziehen, sonst kann ich meine Bilder gar nicht malen«, sagt er. Walter geht so weit, dass er sich auch privat abkapselt: »Ich bin als Künstler keine richtige Person. Man kann sich nicht auf mich verlassen. Ich existiere gar nicht richtig, weil ich mich so ganz und gar auf die künstlerischen Prozesse einlasse und mich dann innerlich auflöse.« Walter hat schon immer gemalt und deshalb auch schon immer allein gearbeitet; ausschlaggebend war aber das Malen: Walter malt nicht, weil er allein arbeiten will, sondern er arbeitet allein, weil das zum Malen dazugehört.

Künstler überschreiten Grenzen; viele können nicht geregelt von neun bis siebzehn Uhr arbeiten. Sie brauchen manche Freiheiten, sie müssen in Welten abtauchen können, ohne sich anderen zu erklären. Das sind Anforderungen, die private Beziehungen sehr stark belasten können, und sie machen es auch schwer, mit jemandem zusammenzuarbeiten. Erst recht, wenn zwei Menschen so »chaotisch« zu Werk gehen. Wie soll man sich abstimmen?

Wie soll man sich auf einen Prozess einlassen, wenn man sich dauernd einem von den Auswirkungen betroffenen Partner erklären muss? Und wie will man es dann überhaupt schaffen, sich in andere Sphären zu bewegen, wenn man so viel Bodenhaftung hat?

Doch es sind nicht nur Künstler, die der Tätigkeit wegen allein arbeiten. Auch andere Tätigkeiten lassen sich schlecht teilen. Wissenschaftliche Arbeiten gehören dazu. Sicher, es gibt Forschungsprojekte, Studien, in denen man zusammenarbeitet: vertraut ist mit dem, was die anderen tun, den Stand ihrer Arbeit kennt und schließlich auch seine eigenen Ergebnisse einbringt. Trotzdem gibt es viele Situationen, in denen es auf die wissenschaftliche Einzelleistung ankommt. In diese Kategorie fallen vor allem Studienabschlussarbeiten und die großen Projekte danach: Promotion und Habilitation. Zwar kann man unter bestimmten Voraussetzungen solche Arbeiten auch zu zweit anfangen. Doch einen Teil eines Projektes zu übernehmen, bedeutet nicht, mal einen Nachmittag lang schnell etwas zusammenzuschustern. Sondern sehr eigenständig und verantwortlich seine Ergebnisse zu produzieren. Und dann arbeitet man mindestens tagelang, eher wochenlang, vielleicht auch monatelang allein. Ob und wie intensiv man sich in dieser Zeit mit Kollegen austauscht, ist eine Frage des Einzelfalls; nicht immer allerdings ist das Klima unter Wissenschaftlern so offen und konkurrenzfrei, wie mancher es sich vielleicht wünschen würde.

Grund 2: Organisatorische Zwänge

In manchen Berufen könnte man durchaus zu zweit arbeiten, aber es finden sich einfach nicht die entsprechenden Jobs oder Geldgeber. Lehrer sind so ein Beispiel dafür. Die meisten unterrichten allein. Dabei wäre es natürlich möglich, den Unterricht im Team vorzubereiten und durchzuführen. Unterricht ist schließlich keine künstlerische Tätigkeit, bei der man großartige persönliche Freiheiten braucht. Und in Integrationsklassen, in denen auch behinderte Kinder sind, wird Teamunterricht mit Erfolg praktiziert. In den Regelschulen allerdings stehen Lehrer meistens allein vor einer Klasse. Wären sie im Team, würde das natürlich viel mehr kosten. Das Geld ist auch ein Grund dafür, dass in der Erwachsenenbildung oft nur ein Dozent oder Trainer mit einer Lerngruppe arbeitet.

Organisatorische Gründe, allen voran das liebe Geld, sind auch in anderen Berufen der Grund, unabhängig von Neigung und Wünschen allein zu arbeiten. Frank zum Beispiel verkauft Versicherungen, und natürlich könnte man auch zu zweit zu den Kunden fahren. Vermutlich würde das sogar viel mehr Spaß machen, glaubt Frank. Aber damit zwei Leute von der Provision leben könnten, müsste man in der gleichen Arbeitszeit auch die doppelten Umsätze machen. »Das rechnet sich nicht«, sagt Frank. »Jedenfalls nicht für mich. Wenn jemand alleine fast nichts zustande bringt, dann ist er mit einem Teamkollegen vielleicht besser dran. Aber ich mache allein auch genügend Umsatz. Immerhin so viel, dass er sich nicht verdoppeln würde, wenn ich mit einem Kollegen losfahren würde.« Diese Rechnung stellen viele Einzelkämpfer an – teilen tut doch manchmal weh. Gesellschaft zu haben, kann auch Luxus sein.

Grund 3: Sein eigener Chef sein

Persönliche Freiheit ist sicher ein von den meisten Menschen sehr geschätztes Gut, aber manche Menschen schätzen sie noch mehr als andere und entscheiden sich deshalb dafür, allein zu arbeiten. Sie wollen sich die Arbeitszeiten nicht diktieren lassen, wollen sich nicht von inkompetenten Vorgesetzten sagen lassen, was sie zu tun haben, wollen selbst über sich bestimmen und sich nicht ausnutzen lassen, wollen eigene Entscheidungen treffen und Gestaltungsspielräume ausnutzen. Kurz, sie wollen ihr eigener Chef sein. Einer repräsentativen Befragung der Zeitschrift »avanti« aus dem Jahr 2004 zufolge ist ein Drittel der deutschen Arbeitnehmer unzufrieden mit seinen Vorgesetzten. Wie viele deshalb davon träumen, sich selbstständig zu machen, geht aus dieser Umfrage nicht hervor. In einer Befragung der Projektbörse Gulp unter IT-Freiberuflern aus dem Jahr 2001 allerdings wurde »mein eigener Chef sein wollen« am häufigsten als wichtigster Grund für Freiberuflichkeit genannt. In jüngeren Umfragen nennen zwischen 30 und 40 Prozent der Befragten die Selbstbestimmung als Grund für eine geträumte oder realisierte Selbstständigkeit. Doch wie oft auch immer die Befreiung von Vorgesetzten und ihren Anweisungen tatsächlich zur Selbstständigkeit führen mag – eines steht fest: Die Entscheidungsfreiheit, die man als Selbstständiger gewonnen hat, ist willkommen. Mindestens als Nebeneffekt.

Bernd, Architekt, hat sich vor 20 Jahren ganz explizit selbstständig gemacht, um selbst mehr entscheiden zu können. »Ich wollte das bauen, was mir gefiel«, sagt er, »meine eigenen Ideen umsetzen und mir nicht länger reinreden lassen, was ich zu tun habe.« Freilich machte Bernd die gleiche Erfahrung, die auch andere Selbstständige machen: Statt mit einem Chef, hatte er es nun mit Auftraggebern zu tun, die manchmal andere Vorstellungen hatten als er. Doch das ist nicht das Gleiche, findet Bernd: »Die Auftraggeber gibt es natürlich immer. Aber nun konnte ich mir selbst überlegen, wie ich mit ihnen umgehe, und musste mich nicht mehr an die Ideen eines Vorgesetzten anpassen.« Die Sache nahm für Bernd trotzdem noch eine unerwartete Wendung, er hat nämlich inzwischen nicht mehr genügend Aufträge, nachdem der Arbeitsmarkt für Architekten fast komplett zusammengebrochen ist. Deshalb arbeitet er nun nicht mehr nur selbstständig, sondern tatsächlich komplett allein – dieses Risiko hatte er zwar in Kauf genommen, aber direkt geplant war das nicht. Trotzdem würde er nie wieder eine Anstellung suchen: »Das kommt auf keinen Fall infrage.«

Auch Franka, eine Multimedia-Autorin, hat sich selbstständig gemacht, um den Anweisungen ihrer diversen Vorgesetzten zu entkommen. Und trotz mancher Schwierigkeiten, die sie nun anstelle der Vorgesetzten mit sich selber hat, ist sie sehr zufrieden mit ihrer Entscheidung. Sie hat vor der Selbstständigkeit im Marketing gearbeitet. Keine schlechten Jobs, aber Franka hat schon lange davon geträumt, unabhängiger zu arbeiten, denn sie mochte zwar ihre Kollegen – Franka ist keine Einzelgängerin –, aber sie hat sich immer mehr Gestaltungs- und Entscheidungsspielraum gewünscht für ihre Arbeit. Das wäre prinzipiell natürlich auch in einer Angestelltenkarriere möglich gewesen, wenn sie versucht hätte, in der Hierarchie nach oben zu steigen, räumt sie ein. Allerdings gab es bei ihrem letzten Arbeitgeber diese Möglichkeit nicht, und sie ist dann aus anderen Gründen im Zorn dort ausgeschieden. Andere Unternehmen waren nicht in Sicht in der Gegend, in der Franka lebt. »Ein Glück«, sagt sie inzwischen, »denn einfach so zu kündigen und meine eigene Existenz zu gründen, hab ich mich die ganze Zeit über nicht getraut. Aber geträumt hab ich davon wirklich schon sehr lange.«

Grund 4: Mehr Geld

Einzelunternehmer, Kleinunternehmer – das deutet auf kleine Krauter hin. Und oft sind die Umsätze wirklich gering. Doch mancher schafft sich mit der Selbstständigkeit auch eine finanzielle Perspektive. IT-Spezialisten beispielsweise können freiberuflich viel mehr verdienen als ihre fest angestellten Kollegen. Sie erreichen Stundensätze, für die manche Menschen in anderen Berufen einen ganzen Tag, manchmal sogar zwei arbeiten müssen. Gerade in der Boomzeit der IT-Branche in den 90er-Jahren hat das viele motiviert, freiberuflich zu arbeiten. Allerdings trägt man als Freiberufler auch das unternehmerische Risiko mit, wenn eine Auftragsflaute droht. Das haben auch IT-Spezialisten zum Teil bitter zu spüren bekommen.

In anderen Branchen kommt man, wenn man angestellt ist, nicht richtig weiter und muss mal eine Zeit lang allein arbeiten, um sich einen Namen zu machen, um sich zu profilieren. Das gilt z. B. für Autoren, Fotografen, Künstler. Wer kennt schon den Namen einer Fotografin, die angestellt in einem Geschäft Bewerbungsfotos schießt? Wer sich einen Namen machen will, muss auch für alle ersichtlich unter diesem arbeiten. Das gilt auch für

Juristen, Ärzte, Therapeuten, Architekten. Der Architekt Bernd hat so ganz klar kalkuliert, als er sich selbstständig machte: »Mir ging es um Entscheidungsfreiheit. Vor allem wollte ich aber auch selbst Ruhm und Ehre für meine Arbeit einheimsen. In dem Büro, in dem ich angestellt war, lief es nämlich so, dass die angestellten Architekten wie ich die Arbeit machten, und der Chef hat sie dann den Bauherren als seine Entwürfe präsentiert. Das kann man ihm nicht mal übel nehmen, das machen alle so. Wenn man ein eigenes Profil gewinnen will, muss man da irgendwann raus.«

Grund 5: Flexiblere Zeiteinteilung

Wer angestellt arbeitet, kann sich zwar nicht freinehmen, wie er will. Unfairerweise sind die Arbeitszeiten in die andere Richtung nicht immer so fest, wie man es gerne hätte – anders ausgedrückt: Während die Wünsche von Angestellten nach Arbeitszeitreduzierung oft auf taube Ohren stoßen, werden ihnen immer mehr Überstunden abverlangt. Für eine Weile oder während eines interessanten Projektes machen das viele Menschen gerne mit. Anders lautenden Gerüchten zum Trotz identifiziert man sich ja durchaus mit seiner Arbeit. Doch was die Mitarbeiter für die Dauer eines Projektes akzeptieren, wird in manchen Unternehmen zum Dauerzustand. Seit Jahren schon liegt die Zahl der bezahlten Überstunden bei über eineinhalb Milliarden, das sind zwischen 3,5 und 3,8 Prozent des gesamten Arbeitsvolumens in Deutschland. Hinzu kommen die unbezahlten Überstunden; Schätzungen zufolge nochmal die gleiche Menge, was insgesamt sieben Prozent Überstunden auf die reguläre Arbeitszeit bedeutet. Das klingt nicht so furchtbar erschreckend – wäre rein rechnerisch umverteilt allerdings ein Arbeitsvolumen von knapp einer Million zusätzlicher Arbeitsplätze. Außerdem ist zu bedenken, dass Überstunden ja nicht gleich verteilt sind. Manche Menschen machen nie welche, andere ständig. Letzteres ist einerseits ein Zustand, der erschöpft und krank machen kann. Andererseits lassen sich schon die normalen Arbeitszeiten manchmal nur schlecht mit privaten Verpflichtungen gegenüber Freunden und der Familie vereinbaren. Wenn sie dann noch ausufern, gerät die gesamte Lebensorganisation schnell aus dem Gleichgewicht. Beides sind ebenfalls Gründe, um sich selbstständig zu machen.

Luisa, Journalistin, hat ihren Job in einer Zeitungsredaktion aufgegeben und sich auch danach keinen neuen gesucht, als sie Mutter wurde. »Man kommt nie vor 19 Uhr nach Hause, man hat Termine abends und am Wochenende, und außerdem sind nicht einmal die normalen Arbeitszeiten mit den Öffnungszeiten der Kindergärten vereinbar«, berichtet Luisa. Sie arbeitet jetzt freiberuflich im Home Office. Finanziell hat sie dadurch viel verloren, und die Unsicherheit bringt sie manche Nacht um den Schlaf. Aber sie möchte ihre Tochter nicht am Morgen im Kindergarten abgeben und nachmittags von einer dritten Betreuungsperson abholen lassen, darum nimmt sie die finanzielle Unsicherheit in Kauf und stellt sich darauf ein. Was sie von Kollegen hört, bestätigt sie in ihrer Entscheidung für die Freiberuflichkeit: »Eine Freundin von mir findet wegen ihrer Kinder keine Stelle. Ihr hat man das im Vorstellungsgespräch auch schon ganz offen gesagt: Sie müsste grundsätzlich bereit sein, an den meisten Tagen bis 20 Uhr zu arbeiten, und das könnte sie doch mit Kindern gar nicht machen.«

Meistens sind es dann die Mütter, die sich aus organisatorischen Gründen selbstständig machen, um flexibel arbeiten zu können. Nur wenige Männer treffen solche Entscheidungen. Wenn Männer selbstständig zu Hause arbeiten und sich an der Familienarbeit beteiligen, hat das oft mit ihrer Arbeit zu tun. Der Effekt, dass sie sich ihre Zeit selbst einteilen können, ist ihnen dann aber sehr willkommen. Bernd, der Architekt, betreibt sein ganzes Büro in der Wohnung. Er hat seinen letzten Mitarbeiter entlassen, als er Vater wurde, um sich besser um die Kinder kümmern zu können, die zwar tagsüber außer Haus betreut werden, aber nachmittags seine Aufmerksamkeit brauchen. Und die außerdem als Kleinkinder öfter mal krank waren, was im Angestelltenalltag in der Regel nicht vorgesehen ist und dementsprechend als mittlere Katastrophe gewertet wird. Bernd hatte als Selbstständiger den Vorteil, dass er sich nirgends für sein Fehlen verantworten musste und die dringendsten Tätigkeiten noch erledigen konnte.

Überstunden sind aber auch ohne Familie ein Grund, eine Anstellung aufzugeben. Und manchen Menschen ist auch die Normalarbeitszeit zu viel. Es ist heutzutage ja fast ketzerisch, das auszusprechen. Aber Arbeit ist nicht alles. Manche Menschen möchten mehrere Tätigkeiten miteinander vereinbaren. Oder sie stellen fest, dass ihr persönlicher Arbeitsrhythmus nicht mit dem Achtstundentag zusammenzubringen ist. Es kann sein, dass man seine Arbeit eigentlich auch in fünf oder sechs Stunden schafft, sofern man ausgeruht und konzentriert ist – während man an den Achtstundentagen unausgeruhter im Büro herumhängt und von den acht Stunden ein Drittel unproduktiv vertrödelt.

Grund 6: Außenposten

Manche Menschen sind angestellt, haben Vorgesetzte und Kollegen, aber sie arbeiten trotzdem ganz allein. Das liegt an der funktionellen und räumlichen Arbeitsteilung in ihrem Unternehmen: Für manche Aufgaben und manche Außenstellen braucht man einfach nur eine einzige Person. Die Betroffenen sind dann sozusagen auf einem Außenposten. Sie haben ein eigenes Büro und/oder einen eigenen Arbeitsbereich, den sie mit niemandem teilen. Mit dem Einzug der Computer und der digitalen Datenübertragung brauchen sie auch keine Sekretärin mehr vor Ort, sondern erledigen diese Büroarbeiten entweder selbst oder lassen sie in der Zentrale machen, indem sie die notwendigen Unterlagen einfach per Mail schicken. Solche Einzelkämpfer auf Außenposten können Handelsvertreter sein, die mit oder ohne Büro Ansprechpartner ihres Unternehmens in einer bestimmten Region sind. Oder Korrespondenten von Zeitungen. Doch auch, wer im gleichen Gebäude arbeitet wie seine Kollegen, kann isoliert sein, wenn er einen kompletten Arbeitsbereich allein abdeckt. Ab und zu müssen solche Einzelkämpfer ihren Vorgesetzten gegenüber Bericht erstatten, und manchmal öffnet jemand die Tür und packt ihnen einen Stapel neue Arbeit auf den Tisch, und damit dürfen sie sich dann wieder allein auseinander setzen.

Zuweilen werden unliebsame Mitarbeiter auch absichtlich auf solche Stellen bzw. in solche Einzelbüros abgeschoben. Das kann zwischenmenschliche Gründe haben. So etwas passiert, wenn sich jemand durch unfaires oder unprofessionelles Verhalten bei den Kollegen unbeliebt macht. Manchmal stimmt einfach die Wellenlänge nicht, ohne dass man irgendjemandem die Schuld geben könnte. Manchmal sind die betroffenen Einzelkämpfer auch Opfer eines mobbenden Vorgesetzten oder intriganter Kollegen, oder sie sind zur unliebsamen Konkurrenz im Rennen um den nächsten Posten geworden. Dass das Abschieben auf kontaktarme Arbeitsplätze in solchen Fällen eher einer unzivilisierten Strafe als einer souveränen und professionellen Lösung gleicht, sei unbestritten. Allerdings gibt es auch Fälle, in denen die Abgeschobenen selbst sich im Team auch nicht mehr wohl gefühlt haben und mit dem isolierten Arbeitsplatz zunächst gar nicht so unglücklich sind.

Manchmal sind sie unmittelbar sogar dankbar dafür, denn es sind nicht immer zwischenmenschliche Probleme, die zu einer solchen Situation führen. Sondern es kann auch funktionale Gründe haben: Etwa, wenn es einfach nicht mehr so viel zu tun gibt weil es eine neue Technologie gibt, oder eine Unternehmensverkleinerung. Oder eine Auftragsflaute. Dann ist man vielleicht froh, wenn man nicht gleich entlassen wird, sondern erstmal ausgegliedert. Dorett, die als Sekretärin in einem kleinen Unternehmen gearbeitet hat, ist es so ergangen. Immer mehr Geschäftsvorgänge wurden elektronisch geregelt, deshalb war einfach nicht mehr so viel zu tun. Sie fing an, Däumchen zu drehen und sich zu langweilen, und sie fühlte sich unwohl, weil sie fürchtete, was passieren würde, wenn man ihren Leerlauf bemerkte. Deshalb war sie selbst höchst einverstanden, als man ihr anbot, die Weiterbildung des Unternehmens zu organisieren. Dass sie völlig allein arbeiten würde, war ihr dabei am Anfang völlig egal – erst später sollte es zum Problem werden.

Eine weniger dramatische Variante der Auslagerung ist die Telearbeit. Manche Beschäftigte bitten sogar darum, zu Hause arbeiten zu dürfen – weil sie sich ihre Arbeitszeit gerne selbst einteilen möchten. Andere landen aus Kostengründen im Home Office, weil die Dependance vor Ort aufgelöst wird. Der Arbeitgeber richtet ihnen dann einen Arbeitsplatz zu Hause ein – in der Regel ein Computer und ein Firmentelefon. Mit der Firmensoftware können sich die Telearbeiter ins Firmennetz einloggen, außerdem sind sie auch telefonisch eingebunden. Im Prinzip arbeiten sie also genauso, als säßen sie im Büro. Nur eben allein. Die Erfahrungen zeigen, dass Telearbeiter, die wirklich ausschließlich zu Hause arbeiten, sich schnell isoliert fühlen. Es fehlen die Schwätzchen zwischendurch, aber auch die Teilnahme an Besprechungen, das Wahrnehmen von Konflikten und Bündnissen. Die größten Chancen, mit der Telearbeit glücklich zu werden, hat man wohl, wenn sie gemischt wird aus Tagen, an denen man zu Hause arbeitet, und Tagen, die man bei den Kollegen im Büro verbringt.

Grund 7: Not

Machen wir uns nichts vor: Eine ganze Menge Menschen arbeiten allein, weil ihnen gar nichts anderes übrig bleibt. Weil sie ihren Job verloren haben und es einfach unmöglich ist, eine neue Stelle zu finden. Der Arbeitsmarkt grenzt nach Prinzipien aus, die mit Vernunft nicht nachvollziehbar sind: Wer älter als vierzig ist, hat schlechte Karten. Frauen im gebärfähigen Alter auch. Wer einschlägige Karriereratschläge befolgt und sich eine Weile im Ausland aufhält, hat es hinterher schwer, wieder eine Stelle zu finden, und wer mal eine Auszeit aus privaten Gründen genommen hat, sowieso. Das alles hat mit Leistung, Ausbildung und Arbeitsmotivation überhaupt nichts zu tun. Deshalb ist die Alternative, arbeitslos zu sein, so besonders deprimierend. Und deshalb machen sich so viele Menschen selbstständig, die hoffen, dass sie noch eine Alternative zum »Zu-Hause-allein-auf-dem-Sofa-Herumsitzen« finden.

Diese Art von Engagement verlagert das Unternehmensrisiko auf die Einzelnen, was vielen Unternehmen ganz recht ist. Menschen, die vorher bei ihnen angestellt waren, arbeiten nun als selbstständige Zulieferer oder freie Mitarbeiter für sie weiter. In fast allen Branchen, die in den letzten Jahren heftige Krisen durchgemacht haben, gibt es solche Umstrukturierungen.

Im Einzelfall heißt das, mehr oder weniger verzweifelt und mehr oder weniger optimistisch den Schritt in die Selbstständigkeit zu tun. Für Franka, die Multimedia-Autorin, war zwar auch der Verlust ihres Jobs der Anlass, freiberuflich zu arbeiten. Sie hatte aber schon lange davon geträumt und startete nun sehr optimistisch. Und mit guten Kontakten zu Kollegen und früheren Auftraggebern, was die finanzielle Seite ihres Projektes ziemlich rosig aussehen ließ, weil sie keine großen Probleme hatte, Aufträge zu akquirieren. »Ich hab einfach jedem, den ich kannte, eine Mail geschickt, dass ich jetzt selbstständig arbeite, und so hab ich gleich Aufträge gehabt.«

So positiv beginnt es natürlich nicht immer. Die bereits erwähnten Mütter haben oft sehr schlechte Karten, wenn sie auf dem Arbeitsmarkt wieder einsteigen wollen. Juliane, freiberufliche Buchhalterin, kann ein Lied davon singen: Weil ihr Mann während der Babypause in einer anderen Stadt einen Job fand, konnte sie nicht in ihr altes Unternehmen zurückkehren. Und fand prompt keinen neuen Job mehr: »Ich nehme an, man hat gedacht, dass ich gleich das zweite Kind in die Welt setze«, sagt Juliane. Weil sie nicht annehmen konnte, dass sich ihre Chancen durch längeres Warten verbessern würden, beschloss sie, es freiberuflich zu versuchen. »Das hab ich aber nicht gerne getan. Ich musste ja auch ganz neue Kunden akquirieren, das ist mir furchtbar schwer gefallen. Es hat Jahre gedauert, bis ich einen nennenswerten Kundenstamm hatte und die Umsätze sich auch sehen lassen konnten«, sagt sie. Leichter wäre ihr das Alleinarbeiten gefallen, wenn sie eine Kollegin gehabt hätte. Doch die geeigneten Mitstreiter muss man erstmal finden, und Juliane fand sie nicht.

Wie man loslegt: Typische Arbeitsplätze

Wenn man über das Alleinarbeiten spricht, fällt schnell mal der Begriff »stilles Kämmerlein«. Darin, so das Klischee, sitzt man jeden Tag und arbeitet stundenlang ganz alleine vor sich hin. Am Schluss hat man weiße Haare und ist ganz mit Spinnweben bedeckt. Ein Klischee, das auch ohne die Übertreibung mit den Spinnweben kaum zutreffen dürfte. Denn wer allein arbeitet, sitzt nicht zwangsläufig in einer Kammer. Und sein Arbeitsplatz ist auch nicht unbedingt still. Die Arbeitsplätze allein arbeitender Menschen sind ganz verschieden – genauso verschieden wie ihre Jobs.

Home Office

Sehr viele allein arbeitende Menschen werken zu Hause. Schätzungen gehen in die Millionen. Zu Hause zu arbeiten ist oft der billigste und nahe liegendste Weg, seine Pläne zu realisieren. Manchmal braucht man nur sehr wenig Platz. Dann klemmt man sich eine Ecke vom Küchentisch ab und erledigt dort die Anrufe für die Telefonakquise, die man nebenbei macht. Der Küchentisch funktioniert als Arbeitsplatz freilich nur dann, wenn der Job nicht allzu viel Zeit in Anspruch nimmt. Also zum Beispiel bei Nebentätigkeiten oder wenn man nur einen Teil seiner Arbeit an einem Tisch erledigen muss.

Ansonsten befindet sich das Home Office eher selten in der Küche. Entweder gibt es wirklich einen extra Arbeitsraum, in dem ein oder mehrere Familienmitglieder entweder zusammen oder allein arbeiten, oder das Home Office ist Teil eines anderen Raumes, also des Wohnzimmers oder des Schlafzimmers. Handelsvertreterin Christine, die seit ein paar Jahren im Verkauf tätig ist, hat eine Zeit lang sogar im Flur ihrer Wohnung gearbeitet. »Der ist ziemlich groß, da passte der Schreibtisch am besten rein«, sagt sie. »Außerdem wollte ich weder im Wohnzimmer noch im Schlafzimmer auf meinen Schreibtisch starren und in meiner Freizeit noch an die Arbeit denken.« Mit diesem Bedürfnis, Wohnen und Arbeiten möglichst zu trennen, steht sie nicht allein. Arbeit strengt an, Arbeit stresst, Arbeit ist manchmal mit Schauspielerei verbunden. Irgendwann möchte man mal abschalten. Umgekehrt kann es auch enorm ablenken, wenn man die Arbeit im Angesicht eines Wäscheständers, eines nicht abgeräumten Esstisches oder eines unaufgeräumten Wohnzimmers macht. Oder das Sofa ist so furchtbar gemütlich, dass man dauernd versucht ist, darauf zu versinken. Außerdem machen der Anblick eines Computers und meterlanger Reihen von Aktenordnern und Papierstapeln weder ein Wohnzimmer noch ein Schlafzimmer besonders anheimelnd.

Das stört allerdings nicht jeden, denn nicht jeder möchte Arbeit und Wohnen unbedingt trennen. Und vor allem: Nicht jeder kann sich diese räumliche Trennung leisten. Das zusätzliche Arbeitszimmer muss ja erstmal vorhanden sein, und wer es nicht zufällig sowieso in der Wohnung hat, wird sich überlegen, ob es sich überhaupt lohnt, gleich dafür umzuziehen. Hanna zum Beispiel, die Lehrerin, lebt allein in einer Wohnung, die mit knapp 60 Quadratmetern geräumig ist, aber nur ein Zimmer hat. Um Arbeiten, Wohnen und Schlafen zu trennen, müsste sie umziehen. Doch bisher hat sich das für sie nicht gelohnt: »Einen großen Teil meiner Arbeit verbringe ich ja außer Haus. Und es stört mich einfach nicht, dass der Schreibtisch im Wohnzimmer steht. Meine Arbeit gehört zu mir, und es ist nett, wenn ich mich nach einem Tag an der Schule hier zu Hause noch ein bisschen mit dem

Unterricht befassen kann.« Hanna hat ihren Schreibtisch zwar in einer extra Ecke des großen Raumes stehen, aber sie hockt sich auch gerne mal mit ihren Arbeitsunterlagen aufs Sofa, ohne dadurch unruhig zu werden. Im Gegenteil: »So finde ich am meisten Ruhe zum Arbeiten.« Die hat sie in der Schule nicht, denn Lehrer haben kein eigenes Büro, sondern müssen sich das Lehrerzimmer teilen. Ein besonders ruhiger Platz zum Arbeiten ist das nicht, sagt Hanna, und dort den Unterricht vor- oder nachzubereiten käme auch nicht infrage: »Da müsste ich tonnenweise Unterlagen und Bücher von zu Hause mit in die Schule und wieder zurückschleppen – das ist viel zu umständlich.«

Die Journalistin Luisa hat die Hälfte ihres Wohnzimmers für ihre Arbeit geopfert, und sie ist sehr zufrieden damit. »Ich habe genug Platz, und ich hab mich dran gewöhnt, im Wohnbereich zu arbeiten. Ablenken lasse ich mich eigentlich nicht mehr«, sagt sie. Der Architekt Bernd wäre dagegen mit einem halben Wohnzimmer niemals ausgekommen. Nicht nur, weil Architekten für Pläne und Entwürfe etwas mehr Platz brauchen als Menschen, die im Büro nur Ordner stapeln müssen. Sondern Bernd hatte auch noch Mitarbeiter, als er sich selbstständig machte. In den guten Zeiten, als er richtig viele Aufträge hatte, waren es bis zu fünf Leute, die er noch zu sich ins Büro holte. Es hätte sich gelohnt, ein richtiges Büro anzumieten, aber Bernd bewohnt privat eine riesige Altbauwohnung. Da war und ist es kein Problem, mehrere Räume der Arbeit zu widmen. Bernds Architekten-Home-Office hat in den vergangenen Jahren zeitweise mehr als die Hälfte der Wohnung eingenommen. Da sich die Wohnung noch mit großen Flügeltüren gut abtrennen lässt, ist das kein Problem. Inzwischen hat er, der anhaltenden Auftragsflaute wegen, zwar keine Mitarbeiter mehr. Dafür hat sich seine Frau nun einen Teil der früheren Architektenräume als Home Office eingerichtet.

Für einen geschlossenen Arbeitsraum kann auch die persönliche Ordnung und Arbeitsweise sprechen. Manche Menschen neigen dazu, ihre Unterlagen großräumig um sich herum zu verteilen. Sie leben in einem mehr oder weniger chaotischen Stapelsystem: Alles ist voller Papierstapel. Kein Mensch außer ihnen blickt noch durch, was sich in welchem Stapel befindet. Aber sie selbst wissen sehr genau, was wo liegt. Mehr noch: Während sämtliche anderen Ordnungssysteme bei ihnen versagen, funktioniert das Stapelsystem außerordentlich gut. »Ich weiß immer, welches Papier in welchem Häufchen liegt«, sagt die Multimedia-Autorin Franka. »Wehe, wenn jemand versucht, da aufzuräumen. Am schlimmsten sind die Tage, an denen ich das selbst versuche. Danach finde ich überhaupt nichts wieder, weil ich nicht mehr weiß, was ich mir beim Aufräumen gedacht habe.« Die Stapelei ist ein Grund, warum Franka ihren Arbeitsbereich zu Hause separiert hat: »Wenn ich im Wohnzimmer arbeiten würde, könnten wir uns dort privat überhaupt nicht mehr aufhalten.« In ihrem eigenen Bürozimmer kann sie dagegen schalten und walten, wie sie will. Auch das ist ein guter Grund für ein separates Büro: der Wohnfriede. Je weiter innerhalb einer Familie die Vorstellungen über Ordnung auseinander klaffen, desto konfliktreicher wird es, wenn sich Wohnen und Arbeiten miteinander mischen. Manchmal ist es besser, man räumt ganz das Feld.

Das aushäusige Büro

Viele Menschen halten es nicht aus, den ganzen Tag in der Wohnung zu verbringen. Sie mieten lieber extra Büroräume an. So ist die Freizeit vor der Arbeit geschützter, und die Arbeit verläuft möglicherweise ungestörter. Diese Menschen brauchen es auch, aus dem Haus zu gehen. »Zu Hause würde ich verrückt werden«, sagt die ausgebildete Sekretärin Brigitta, die sich mit ihrem Büroservice zunächst im Home Office selbstständig machte, aber dort in eine Krise schlitterte. Jetzt arbeitet sie in einem Gemeinschaftsbüro. Es hilft ihr, ihre Arbeit ernst zu nehmen, sich zu konzentrieren. Sie läuft nicht mehr weg, wenn es Probleme gibt, wie sie es vorher in der eigenen Wohnung tat. Brigitta lebt auch privat allein. Vielleicht ist das ein Unterschied, denkt sie: »Wenn ich allein zu Hause arbeite, dann kommt auch abends keiner mehr. Dann bin ich wirklich den ganzen Tag völlig allein.«

Was für ein Büro man dann anmietet, hängt vor allem von der vorhandenen Finanzkraft ab. Es kann ein kleines, abgeschlossenes Einzel-Büro sein. Darin zu arbeiten, ist für Singles fast das gleiche wie zu Hause: Man ist ganz allein, trifft keine Menschenseele, wenn man sich nicht verabredet. Was nicht weiter schlimm ist, wenn man nur einen Teil seiner Arbeit im Büro verbringt und den Rest außer Haus, bei Kunden zum Beispiel. Für Menschen, die privat nicht allein wohnen, ist es vielleicht sogar ganz wunderbar, einen extra Raum ganz für sich zu haben, in dem sie auch akustisch vergessen können, dass sie Gefährtin, Mutter oder Vater sind.

Freilich bietet es sich auch an, nach Kollegen Ausschau zu halten, wenn man sich schon Büroräume sucht. Und das tun auch viele Einzelkämpfer. Sie mieten einen Raum in einer Bürogemeinschaft, vielleicht in einer Büroetage an. Am Alleinarbeiten ändert das nichts; das Verhältnis zu den anderen ist eher ein nachbarschaftliches. Man trifft sich in der Gemeinschaftsküche an der Kaffeemaschine zu einem Schwätzchen, was viele Nutzer solcher Büroetagen wirklich zu schätzen wissen. Manche Einzelkämpfer teilen sich auch einen Büroraum, mieten nur den Arbeitsplatz darin an. Das ist eine Frage des Geldes, und wie viel Zeit man in einem solchen Büro verbringt; außerdem ist es eine Typfrage, wie viel Gesellschaft man verträgt, wie anfällig man für Störgeräusche wie etwa die Telefonate des Bürokollegen ist.

On the road

Manche Menschen, die allein arbeiten, verbringen sehr viel Zeit im Auto. Es sind die all die Vertreter, Verkäufer und Berater, die ihre Kunden vor Ort besuchen, um ihnen ein Produkt oder eine Dienstleistung anzubieten. Oder es sind Servicemitarbeiter, die Kundendienst vor Ort durchführen – Waschmaschinen reparieren, PCs einrichten oder bei Firmenkunden Störungen ihrer Anlagen beseitigen. Diese Menschen haben einen Arbeitsplatz zu Hause, manchmal auch in einer Filiale ihres Unternehmens, wo sie ihre Anrufe tätigen, Termine machen, Schriftstücke aufsetzen und ihre Umsätze abrechnen. Und dann fahren sie wieder los.

Solche Vertreter oder Servicemitarbeiter decken oft riesige Flächen ab und verbringen entsprechend viel Zeit im Auto. »Ich sitze in manchen Wochen fast den ganzen Tag im Auto«, sagt der Versicherungsvertreter Frank. Er deckt für seine Versicherung ein großes Gebiet ab. Seine Kunden sitzen in kleinen Dörfern und großen Städten, sie wohnen abgelegen oder zentral – egal, Frank kommt überallhin. Und schleppt deshalb alles mit, was er braucht. Wenn er morgens seine Wohnung verlässt, trägt er manchmal neben seinem Laptop noch zwei Koffer mit Papier zum Auto. Darin befinden sich nicht nur die Unterlagen, die er unmittelbar für den Kunden braucht. »Ich hab auch sonstigen Bürokram dabei«, sagt Frank, »ich hab ja manchmal Leerlaufzeiten zwischen zwei Kundenterminen, und dann erledige ich noch andere Sachen im Auto. Sonst müsste ich mich ja abends zu Hause nochmal hinsetzen.«

Diese Vertreter machen vom Handy aus neue Kundentermine aus und bereiten auf dem Autobahnparkplatz am Laptop schon mal die Präsentation für den nächsten Firmenkunden vor. Das Auto ist ihr Arbeitsplatz. Es beherbergt die Elektronik, die Ordner und Mappen mit den Unterlagen, stapelweise Broschüren und Werbegeschenke. Oder Werkzeug, Ersatzteile, Software. Wer lange im Auto herumfährt, hat außerdem etwas zu essen und zu trinken dabei, und Klamotten zum Wechseln – man muss ja nicht immer arbeiten in den Leerlaufzeiten. Man kann ja auch mal im Wald spazieren gehen oder in einen See springen, wenn der nächste Kundentermin erst in drei Stunden stattfindet. Oder ein Kunde abgesagt hat. Die bequemen Schuhe, das Ersatzjackett, die Schminkutensilien, und nicht zu vergessen: Musik-CDs. Oder Hörbücher. Oder Sprachcassetten. Das Auto wird so fast zur Zweitwohnung – übertroffen nur noch von den Einzimmer-Apartments, zu denen Trucker ihre Lkw-Fahrerhäuschen umrüsten.

Allein in der Menge: Arbeiten in der Öffentlichkeit

Wer tagsüber ins Café geht, sieht dort manchmal Menschen, die telefonieren oder auf ihrem Laptop herumhämmern oder stirnrunzelnd irgendwelche Papierstapel durchblättern. Savoir vivre: Warum sollte man nicht, wenn der Magen knurrt oder im Home Office die Decke herunterzufallen droht, an einem netteren Ort weiterarbeiten? Cafés sind kein Büroersatz, aber sie aufzusuchen kann einen drögen Arbeitstag enorm auflockern, solange Lärm der Gäste und Gerüche nicht stören und die Tische groß genug sind. Als Büroersatz taugen sie nur in seltenen Fällen – allerdings soll es Schriftsteller geben, die im Café schreiben; vielleicht, weil der Anblick der Menschen inspiriert?

In öffentlichen Räumen zu arbeiten, ist für manche Menschen eine Selbstverständlichkeit. Fotografen und Kameraleute zum Beispiel müssen vor Ort sein, um ihre Bilder zu machen. Und wer auf der Straße Musik macht oder Waren anbietet, ebenfalls. Aber auch für Lernende und Forschende gehört es zum Alltag, in der Öffentlichkeit zu arbeiten. Sie haben zwar meistens zu Hause oder im Institut einen Arbeitsplatz. Genauso oft aber gehen sie zum Arbeiten in die Bibliothek. Dies hat psychologisch den Vorteil, dass man mal raus und unter Leute kommt. Sehr kommunikativ ist es allerdings nicht, denn Bibliotheken sind ja Orte der Stille, an denen man sich nicht unterhält. Aber wenigstens hockt man nicht allein irgendwo in der Stube.

So kommen wissenschaftlich arbeitende Menschen zwar unter Leute – alleine arbeiten müssen sie trotzdem. Rückschläge in der Arbeit, Durststrecken müssen sie allein verkraften, auch wenn sie jemanden kennen in der Bibliothek, der ihnen auf die Schulter klopft. Und wenn nicht einmal das der Fall ist, wenn man keinen kennt, dann kann die Situation fast irreal werden. Man sitzt dann tagelang, wochenlang, monatelang in der Bibliothek, kennt vom Sehen langsam auch die anderen, die dort sitzen. Man sieht sie jeden Tag, beobachtet sie, weiß schon, wann sie kommen und wann sie Kaffee trinken. Sie werden einem richtig vertraut – aber sprechen tut man nie miteinander. Man ist trotzdem ganz mutterseelenallein, inmitten all dieser Menschen.

Mittendrin: In der Firma, im Institut

Viele allein Arbeitende haben ihren Arbeitsplatz in ihrer Firma oder an einem Institut, an dem sie lehren und/oder forschen. Trotzdem arbeiten sie dort allein. Einige sitzen in Einzelbüros, was zu einem Gefühl der Isolierung führen kann. Andernorts halten Verkäufer ganz allein in einer Filiale den Betrieb aufrecht. Solche Alleinarbeiter haben alle Nachteile des Angestelltendaseins – feste Arbeitszeiten, Kontrolle – und stehen gleichzeitig ganz allein da.

Große Freiheiten genießen dagegen die Einzelkämpfer an Universitäten. Schreitet man mal die Flure des wissenschaftlichen Personals in den Instituten ab, dann stellt man fest, dass es mit der Anwesenheit der Angestellten wohl eher nach dem Zufallsprinzip läuft – wer wissenschaftlich arbeitet, wird nicht gefragt, was er wann und wo tut. Das heißt nicht zwangsläufig, dass Professoren und ihre Mitarbeiter nicht arbeiten, sondern nur, dass sie es an wechselnden Orten und zu wechselnden Zeiten tun. In der Bibliothek, zu Hause und auch mal am Institut. Warum auch nicht? Solange keine Studenten auftauchen und den Arbeitsfluss stören …

Glück

»Wir dürfen«, sagt Franka, die Multimedia-Autorin, »nicht vergessen, über das Glück zu sprechen.«

Das Glück, das gehört unbedingt zum Alleinarbeiten dazu. Es hat natürlich sehr verschiedene Gesichter – so verschiedene wie die Menschen, die allein arbeiten. Für Franka, die jahrelang fest angestellt mit vorgeschriebenen Arbeitszeiten gearbeitet hat, bedeutet Glück die Freiheit, die sie hat, sich ihre Zeit komplett selber einzuteilen. »Ich kann mir tagsüber frei nehmen, ich kann meine Arzttermine legen, wie es mir passt. Ich gehe einkaufen, wann ich will, und es geht absolut keinen was an, was ich mache. Ich muss niemandem Rechenschaft ablegen«, sagt sie. Und seufzt: »Das ist absoluter Luxus.«

Wer allein arbeitet und Herr seiner Zeit ist, der lächelt milde über lange Schlangen an Supermarktkassen. Wenn sich die anderen um achtzehn Uhr drängeln, ist er längst fertig, denn er hat sich die Freiheit genommen, schon vormittags einzukaufen, als die anderen an ihre Arbeitsplätze gefesselt waren. Und er hat sich dafür keine Ausrede ausgedacht, niemandem Bescheid gesagt und keinem versprochen, dass er schnell zurück ist. Er ist einfach losgegangen. Ein banales Beispiel für Glück, aber trotzdem schön.

Weniger banal ist das Glücksgefühl, dass die Arbeit das Leben ist und man nichts verpasst, wenn man arbeitet – eine Übereinstimmung, die besonders deutlich zu spüren ist, wenn man allein arbeitet. Denn wer allein arbeitet, hat einerseits die Freiheit, nicht arbeiten zu müssen (niemand kontrolliert ihn), und andererseits ist er frei, sich selbst für seine Arbeit zu entscheiden. Das heißt konkret, an einem leuchtend warmen Sommermittag alles stehen und liegen zu lassen, sein Kind unter den Arm zu klemmen und zum Badesee zu fahren, anstatt alles auf das Wochenende zu schieben. Es heißt aber auch, abends eine Verabredung auszuschlagen und sich aus purer Lust auf den Job nochmal an den Schreibtisch zu setzen. Wer Arbeit und Leben als Identität versteht, kann das ganze Leben als Projekt betrachten. Dann ist Arbeit genauso Entfaltung des »Ich« wie das Kümmern um ein Kind oder das Sonnenbad im Park. Dann wird Arbeit nicht mehr in Stunden abgerechnet, nach dem Motto: »Heute klopfe ich mir auf die Schulter, denn ich habe fünf Stunden gearbeitet.« Arbeitszeit muss nicht mehr vom Leben abgeknapst werden. Sondern Arbeit IST das Leben – das bedeutet, dass man sich die Frage: »Habe ich heute wirklich gelebt?« jeden Abend mit einem klaren »Ja« beantworten kann – egal, ob man gearbeitet hat oder stundenlang radgefahren ist. Arbeit ist dann nichts Äußeres, Fremdes, Übergestülptes mehr, das man ganz oder teilweise zum Geldverdienen tut, sondern sie ist ein tiefes inneres Bedürfnis.

Dann kommt es zu Zuständen, wie Jochen, der Hörspielautor, sie beschreibt. Arbeit ist für ihn das Ausleben seiner Träume und Ideen. Wenn er sich erholen will, dann braucht er keinen Urlaub. Sondern er gönnt sich zwei Tage Schlaf und Sport, aber dann läuft er wieder durch die Stadt und sinniert seinen Geschichten und Plots hinterher. »Das ist eigentlich das Beste für mich«, sagt er. Sich keine Geschichten ausdenken zu können, das wäre grausam. Jochen braucht einfach keinen großen Abstand zu seiner Arbeit, weil sie ihn gar nicht stresst. Im Gegenteil: »Manchmal, wenn es finanziell eng wird und ich mir wirklich Sorgen mache, dann ist das Schreiben das Einzige, was mir noch hilft«, sagt er. Denn die Sorgen, das Geld, der Putzjob: Das sind Äußerlichkeiten, da versickert die kostbare Lebenszeit. Aber wenn Jochen schreibt, dann geht es ihm gut. Dann lebt er wieder. Wenn Jochen sich von irgendwas erholen muss, dann sicher nicht von seiner Arbeit.

Diese Ganzheitlichkeit ist natürlich nicht den Einzelkämpfern vorbehalten. Auch Menschen mit vielen Kollegen, in Teams, können solch ein Gefühl empfinden. Wesentlich liegt es immer daran, ob man seine Arbeit überhaupt liebt. Eine Tätigkeit, mit der man sich nicht identifiziert, ist immer etwas Übergestülptes, egal, ob man sie allein oder im Team ausübt. Die Chance, den eigenen Bedürfnissen entsprechend zu arbeiten, ist freilich größer, wenn man allein arbeitet. Weil man dann auch über Zeit und Tempo selbst bestimmt, und weil man viele Entscheidungen selber treffen kann: Wie man einen Auftrag ausführt, was man zuerst tut, wie man ein Produkt gestaltet etc. Wer im Team arbeitet, muss sich in solchen Fragen immer mit den anderen abstimmen, muss Rücksicht nehmen und Kompromisse schließen. Die Folge sind vielleicht berauschende, möglicherweise symbiotische Glücksgefühle bei der Zusammenarbeit. Solche Höhepunkte fehlen natürlich, wenn man allein arbeitet. Austausch mit anderen Menschen, über Jahre wachsendes Vertrauen, wodurch man genau weiß, was der andere tun, und wo man sich voll und ganz auf den Partner verlassen kann: Das sind Glücksquellen, auf die Einzelkämpfer verzichten müssen.

Allerdings kann man auch als Solist ähnliche Gefühle haben – nur eben mit sich selbst. Denn wer allein arbeitet, lernt sich selber ungeheuer gut kennen. Dass man das, was man im Team noch hochnäsig an anderen kritisiert hatte, besser kann, muss man sich nun selbst beweisen. Was man an anderen bewundert hatte, darf man jetzt selber mal versuchen. Wie man Krisen durchsteht, wie man bei Schwierigkeiten reagiert und ob man sich hinterher gut oder schlecht fühlt, und ob man sich überhaupt auf sich selbst verlassen kann – all das sind aufregende, teils niederschmetternde, teils beglückende Erfahrungen. Am Ende einer längeren Phase des Alleinarbeitens steht in jedem Fall eine größere Vertrautheit mit sich selbst: das Wissen, wer man ist. Dieses Wissen bewahrt nicht nur vor Fehlern und den möglicherweise folgenden Katastrophen. Sondern es birgt auch Glücksmomente in sich, wenn man sich in schwierigen Situationen, in denen man sich selbst vertraut hat, nicht enttäuscht hat. Wenn man sich so verhalten hat wie erhofft. Wenn man etwas Schwieriges geschafft hat und sich innerlich selbst auf die Schulter klopft. Dann klopft, auch noch nach Jahren, das Herz vor Glück gleich mit.

Und schließlich hat man das, was am Ende dabei herausgekommen ist, allein geschafft. Der Stolz auf das Ergebnis gehört untrennbar zum Glück der Einzelkämpfer dazu. Sich über die eigene Leistung zu freuen, stolz zu sein, ist ein ureigenes menschliches Bedürfnis. Es macht schon kleine Kinder glücklich. Zunächst kämpfen sie darum, etwas alleine zu machen. Und dann freuen sie sich darüber, jahrelang. »Das hab ich ganz allein geschafft« – welches Kind berichtet nicht mit entwaffnendem Stolz von solchen Erfolgserlebnissen. Es ist die Freude über die eigene Kraft, die diese Kinder teilen wollen, die Freude daran, stark zu sein. Ein ureigenes Gefühl insofern, als man zum Leben ja stark sein muss. Stolz auf die eigene Leistung ist ein Gefühl, an dem sich die meisten Menschen ein Leben lang erfreuen können.

Das Alleinarbeiten kann auch eine Befreiung von Erwartungen sein. Das betrifft weniger die Wahl eines Berufes – das kann man hierzulande ohnehin nicht so schnell rückgängig machen. Sondern es kann die ungehinderte Entfaltung der Leistungsfähigkeit sein, z. B. für Frauen, die sich vorher nicht getraut haben, so stark zu sein, wie sie eigentlich sind. Gleiches ist in etwas anderer Art für Männer möglich, die nun in Ruhe Seiten ihrer Tätigkeit testen können, die sie vorher nicht ausprobieren konnten oder wollten, weil es nicht zu den Erwartungen passte, die man an sie stellte. Oder die immer mehr Verantwortung übernehmen mussten, als sie wollten. Wer unter solchen Einschränkungen, in solcher Schieflage gelebt hat, atmet möglicherweise richtig auf, wenn er allein arbeitet und sich nun nicht mehr mit hämischen Bemerkungen auseinander setzen oder sich krampfhaft zurücknehmen muss.

Und wenn die Arbeit gut gelaufen und das erste Geld geflossen ist, dann kommt die große Freude am Eigentum. »Das ist alles meins« ist ein Gefühl, das viel mehr beinhaltet, als nur ein paar materielle Reichtümer anzuhäufen! Wer sein Geld nicht in festen monatlichen Bezügen bekommt, in denen sich Höchstleistungen ebenso wenig abbilden wie die Durchhänger, sondern wer wirklich nur dann Geld bekommt, wenn er dafür eine Anstrengung oder Leistung erbracht hat, der hat ein ganz eigenes Verhältnis zu den Euros, die auf seinem Konto eintreffen. Denn keine dieser Zahlungen ist selbstverständlich, sondern jeder Euro ist individuell und höchstpersönlich verdient. Gerade bei schwankendem Geschäftsverlauf wird der finanzielle Erfolg zu einer emotionalen Angelegenheit. Die Kehrseite der Medaille sind dann zwar die Sorgen, wenn es nicht läuft. Aber die Vorderseite glänzt dafür eben auch besonders, wenn es klappt. Wenn man sich gut verkauft hat, wenn man Kunden oder Auftraggeber mit einer guten Leistung überzeugt hat. Wer als Einzelkämpfer überzeugt, überzeugt eben immer auch als Person, und deshalb kann die Freude über das erwirtschaftete Geld in eine sehr tiefe Zufriedenheit münden.

Natürlich ist Geld nicht alles, auch nicht bei Einzelkämpfern: Vielleicht hüpft ihnen auch dann das Herz vor Freude, wenn sie nach erfolgter Existenzgründung an ihrem ersten regulären Arbeitstag an ihrem häuslichen Schreibtisch Platz nehmen, ihre Praxis eröffnen oder ihren Laden. Vielleicht sind es Bilder, Fotos oder Bücher, die dieses Glück hervorrufen, oder die 200 Seiten beschriebenes Papier, wenn man die Doktorarbeit komplett ausgedruckt hat. »Alles meins« – das heißt für Einzelkämpfer immer auch, dass sie das alles wirklich selbst gemacht haben. Dass kein Kollege behaupten kann, in Wahrheit habe er den Löwenanteil erledigt. Wer allein arbeitet, kann seine Erfolge sich selbst zuschreiben, die großen ebenso wie die kleinen. Manche Menschen freuen sich über einen gut gelaufenen Monat, manche bilanzieren eher in Jahren, aber eines bleibt gleich: Wenn sie das, was sie schätzen, geschafft haben, dann gehört die Freude ihnen. Voll und ganz.

Christine, 44
Handelsvertreterin für Fenster- und Türbeschläge

Ich bin ja schon etliche Jahre als Handelsvertreterin unterwegs. Seit ich keinen Vorgesetzten mehr habe, der sich mit meinen Ergebnissen brüsten kann, geht es mir einfach besser. Ich betreue jetzt ein ziemlich großes Gebiet ganz eigenständig, vereinbare die Termine mit den Kunden und fahre das dann ab. Ich hab wirklich Übung bekommen und einen Blick für die Leute, und ich genieße das. Es ist wie ein Trip, wenn ich weiß, jetzt besuche ich gleich einen dicken Fisch, und den ziehe ich auch an Land. Ich könnte dabei gar keine Kollegen gebrauchen. Die würden mir nur die Gesprächsführung und die Beziehung zum Kunden zerstören. Ich fange manchmal einen regelrechten Tanz mit denen an. Nicht, dass ich meine Kunden anmache, das nicht! Nein, ich meine, dass ich ihr Vertrauen gewinnen muss, dass sie denken, dass ich ihr Anliegen verstehe und so. Und ich bin ja schon so lange dabei, dass ich das auch wirklich kann. Meistens entspannen sich meine Kunden nach den ersten Minuten schon, weil sie merken, da ist jemand, der wirklich weiß, wovon sie sprechen, und nicht irgendso ein aufgeblasener Wichtigtuer, der jetzt seine Überredungskünste anwenden will. Das tut gut! Dieses Verständnis und meine Sachkenntnis hab ich mir ja schließlich selbst erarbeitet.

Meinen Umsätzen tut das auch gut. Ich werde auf Provisionsbasis bezahlt. Das ist eigentlich ein grausames System, wenn man es genau betrachtet, denn man muss ja als einzelner Vertreter komplett das Risiko tragen. Aber ich kann trotzdem gut damit leben, solange es gut läuft bei mir. Dann weiß ich bei jedem einzelnen Euro, dass ich den verdient habe, weil ich so gut bin in meinem Job. Das ist wirklich befriedigend, anders kann ich das nicht sagen.

3.

... und dann kommen die Probleme

Aus Liebesbeziehungen kennen wir das: Am Anfang ist alles neu, aufregend und schön, aber nach einer Weile ist die große Euphorie verflogen, und der Alltag kehrt ein. Die Beziehung kann dann zwar weiterhin sehr schön sein, aber trotzdem gibt es kleine Meinungsverschiedenheiten, manchmal auch große Konflikte, man wird kritischer bei der Urlaubsplanung, man fängt an, um die Fernbedienung zu kämpfen, man krittelt an den Freunden des anderen herum.

Mit der Arbeit verhält es sich ähnlich wie mit der Liebe. Einen neuen Job fängt man mit Elan und Euphorie an, nimmt sich viel vor, entwickelt Perspektiven für sich, strengt sich an und freut sich über alles, was klappt – und irgendwann ist er verflogen, der Schwung aus den ersten Wochen und Monaten. Dann entpuppen sich kleine Schwierigkeiten als dauerhafte Schieflagen, der Job ist plötzlich nicht mehr so phantastisch, wie es schien, tägliche Kämpfe schlagen aufs Gemüt. Wer Kollegen hat, muss sich nun den ersten richtigen Auseinandersetzungen stellen. Jetzt merkt man, dass es doch keine liebenswerte Schrulle ist, dass der Referent im Nachbarzimmer Anrufe weder durchstellt noch etwas ausrichtet. Sondern reine Feindseligkeit. Leider begegnet man diesem Kollegen jeden Tag, und zu allem Überfluss soll man mit ihm auch noch die Urlaubsvertretung organisieren – eine zuverlässige Quelle täglicher Frustration. Und dass der Chef gute Leistungen mit neuen Aufgaben honoriert, ist auch keine Anerkennung, wie anfangs freudig geglaubt. Sondern schlicht und einfach Ausbeutung: Wer sich nicht wehrt, wird ausgequetscht, kriegt man allmählich mit. So verfällt man, Schritt für Schritt, in einen täglichen Kleinkrieg, muss lernen, sich abzugrenzen, Ungerechtigkeiten an sich abtropfen zu lassen, Widersprüche aushalten, Konflikte austragen. Wenn es gut läuft, bleibt der Spaß an der Arbeit trotz allen Ärgers erhalten; wenn es schlecht läuft, hat man irgendwann überhaupt keine Lust mehr.

Wer keine Kollegen hat, kommt um solche Auseinandersetzungen herum. Entsprechend glücklich und befreit sitzt man im Büro, in der Werkstatt, im Auto, denkt manchmal an die Zeiten zurück, in denen man sich mit gehässigen Vorgesetzten und feindseligen Kollegen herumärgern musste, und klopft sich auf die Schulter für die Entscheidung, es nun allein zu versuchen. Doch auch Einzelkämpfer landen nach dem anfänglichen Höhenflug auf dem Teppich. Da ist dann zwar keiner, der ihnen mit Mobbing, schlechten Absprachen oder Überstunden das Leben schwer machen könnte. Aber Stress und Probleme kann man sich ja auch selber machen. Statt mit den Kollegen ärgert sich der Einzelkämpfer mit sich selbst herum. Seine Probleme liegen nicht im zwischenmenschlichen Bereich, sondern typischerweise gerade da, wo man sich allein besonders schwer tut: Disziplin aufzubringen, sich immer wieder neu zu motivieren, Ängste abzubauen, Ablenkungen zu widerstehen, die Arbeit effektiv zu organisieren. Manche Probleme kommen unerwartet, mit anderen hat man vielleicht schon gerechnet. Die Konfrontation mit diesen Schwierigkeiten ist immer auch eine Konfrontation mit sich selbst. Die bringt einen vielleicht weiter, vielleicht stößt man auch an seine Grenzen. In jedem Fall ist es, zumal nach anfänglicher Euphorie, eine Ernüchterung.

Keine Lust und keiner zwingt mich: Disziplinschwierigkeiten

Disziplinschwierigkeiten dürften wohl zu den am weitesten verbreiteten Problemen gehören, mit denen sich Einzelkämpfer herumschlagen. Und zu denen, die als Erste auftauchen nach einem möglicherweise furiosen Start in die Selbstständigkeit oder die Abschlussarbeit. Es gehört nämlich eine Menge Disziplin dazu, sich jeden Tag an den Schreibtisch zu setzen und dort tatsächlich auch zu arbeiten und nicht etwa Computerspiele zu spielen, ohne dass jemand kontrolliert, was man tut. Oder sich ins Auto zu setzen und dann wirklich zum Kunden zu fahren und nicht etwa wieder im Baumarkt hängen zu bleiben, was auch kein Mensch merken würde außer einem selbst. Je freier und eigenständiger man seine Arbeit einteilen kann, desto mehr Disziplin muss man selbst aufbringen, um auch die lustlosen Momente durchzustehen und trotzdem weiterzumachen. Es klingt vielleicht banal, aber für manche Einzelkämpfer ist es schon schwierig, überhaupt morgens aufzustehen.

Sebastian, der zurzeit an seiner Diplomarbeit sitzt, kann ein Lied davon singen. Wenn andere Menschen längst ihrer Arbeit nachgehen, liegt der 25-jährige Student noch im Bett. Anstatt sich an seine Diplomarbeit zu setzen, dreht er sich lieber nochmal um. Erst gegen Mittag quält er sich aus den Federn. »Ich komme morgens einfach nicht raus«, gibt Sebastian zu. Das wäre nicht weiter schlimm, wenn er abends entsprechend länger arbeiten würde. Aber abends sitzen die Kumpel in der Kneipe um die Ecke. Da gesellt er sich meistens dazu, denn ganz vereinsamen will er ja auch nicht.

Sebastian ist nicht etwa unmotiviert oder langweilt sich mit dem Thema seiner Diplomarbeit. Ihm mangelt es schlicht an Disziplin: an der Fähigkeit, etwas zu tun, das oft keinen Spaß macht, das schwer fällt. In seinem Fall heißt das zuallererst, die Müdigkeit zu besiegen und aus dem Bett zu kriechen. Wenn er das endlich geschafft hat und in der Bibliothek ankommt, setzt sich dort häufig das Elend noch fort, denn zuerst sucht Sebastian die Cafeteria auf, trinkt einen Kaffee, liest ein bisschen Zeitung und verschickt ein paar SMS, bevor er es schafft, sich an seine Arbeit zu machen. Und er ist weiß Gott nicht der Einzige, der manchmal stundenlang hier herumhängt. Die Cafeteria ist immer verdächtig gut gefüllt.

Mit seinem Verhalten bestätigt Sebastian die Vorurteile gegen Studenten: Alles Faulpelze, ohne Disziplin, trödeln nur herum, lauten die landläufigen Vorurteile. Sie werden nicht nur Studenten gerne angedichtet. Sondern zuweilen auch Schülern, arbeitslosen Jugendlichen, überhaupt jungen Leuten. Ein Lamento mit Tradition: »Die Jugend hat schlechte Manieren, verachtet die Autorität, hat keinen Respekt vor älteren Leuten und schwatzt, wo sie arbeiten soll«, klagte schon in der Antike der griechische Philosoph Sokrates. Heutzutage jammern Bildungsminister und Lehrer über die Schüler, die dem Unterricht nicht mehr folgen, und Professoren klagen über Studenten, die es nicht schaffen, innerhalb einer Woche geschlagene zehn Seiten zu lesen. Merkwürdigerweise geht keiner der Frage nach, was aus den jungen Leuten denn später wird, und wieso sie, wenn sie Mitte 30 sind, plötzlich alle wieder genauso brav morgens aufstehen wie damals, als sie noch artige Schüler waren.

Einer der Gründe für die offensichtliche und vielfach beklagte Disziplinlosigkeit junger Menschen liegt nämlich darin, dass sie am Ende und nach dem Ende ihrer Schulzeit plötzlich einer bis dahin kaum gekannten Freiheit ausgesetzt sind. Nach Jahren vertakteten Schülerlebens mit festen Uhrzeiten in der Schule, wo ihnen im Dreiviertelstundenrhythmus diktiert wurde, was zu tun war, nach nachmittäglichen Arbeitsgruppen, Hausaufgaben, Sport- und Musik-Terminen können und müssen sie nun plötzlich vieles selbst bestimmen: Stundenpläne, Studienplan, inhaltliche Schwerpunkte, Dozenten. Während sie an kleineren Instituten und Fachhochschulen dabei noch mehr oder weniger an die Hand genommen werden, müssen Studenten an großen Universitäten diese Entscheidungen oftmals ganz allein treffen. Auch, ob sie die selbst gesteckten Ziele erreichen, also zum Seminar kommen, eine Hausarbeit schreiben, oder ob sie sich stattdessen dem Nachtleben der Großstadt oder jugendlichen Depressionen hingeben, ist ihre Sache. Kontrolliert werden sie hier nicht. Manche Studenten scheitern schon in den ersten Semestern an dieser Herausforderung, sich selbst und das Studium zu strukturieren. Andere geben bei der Abschlussarbeit auf, wenn sie monatelang ganz allein in der Bibliothek oder zu Hause Bücher und Aufsätze durcharbeiten und Kluges darüber zu Papier bringen sollen. Monatelang, Tag für Tag, ganz allein. Das ist für manche Menschen eine extreme Herausforderung und nicht jeder schafft es.

Jaja, die Studenten – aber Vorsicht! Sicherlich sind sie in einem besonderen Alter, und sicherlich ist die Universität eine sehr spezielle Lern- und Arbeitsumgebung. Doch das bedeutet keinesfalls, dass sich alle anderen mit wissendem Lächeln abwenden können! Nicht wenige Freiberufler und Existenzgründer finden sich plötzlich mit genau den gleichen Problemen konfrontiert wie die ach so unerfahrenen jungen Menschen. Die Selbstorganisation, die Studenten im Laufe ihres Studiums lernen müssen, muss jeder bewältigen, der erfolgreich allein arbeiten will oder muss. Ob man nun zu Hause im Büro unterm Dach ein paar Stunden täglich versucht, schöne Webseiten zu gestalten. Oder ob man im angemieteten Büro sitzt und Texte korrigiert: Man muss sich selber, freiwillig, allein und ohne viel unmittelbaren äußeren Zwang einer Arbeitsdisziplin unterwerfen. Wer ist darauf schon vorbereitet? »Disziplin lernt man nicht beim Militär. Höchstens, sich diszipliniert zu verhalten«, schreibt der Schriftsteller Erhard

Blanck. Und er schreibt weiter: »Wer Disziplin hält, weiß, was er tut. Wer sich diszipliniert verhält, weiß nur, was andere tun.« Eine feine Unterscheidung, die sehr gut zum Ausdruck bringt, warum sich viele Leute so schwer damit tun, ein selbst gestecktes Ziel zu erreichen, einen selbst organisierten Arbeitsprozess durchzuhalten. In der Schule und im Job haben wir zwar gelernt und geübt, auf Anweisung irgendwo pünktlich zu erscheinen und zu festgesetzten Terminen etwas abzuliefern. In solchen Strukturen waren wir vielleicht unglücklich, haben aber funktioniert. Von ihnen befreit, sind wir vielleicht glücklicher, funktionieren aber nicht mehr so gut. Denn jetzt müssen wir uns ja selbst zu Ordnung und Pünktlichkeit zwingen, und das hat uns niemand beigebracht.

Vor allem kommen wir zunächst gar nicht auf die Idee, uns um unsere Disziplin Sorgen zu machen. Dass es ausgerechnet an dieser Stelle Probleme geben könnte, erwartet man einfach nicht. Selbstbestimmung und Befreiung von starren Regeln stehen zunächst im Vordergrund, oft auch die eigene Geschäftsidee, die man nun endlich umsetzt, nachdem man jahrelang getan hat, was andere sich ausgedacht hatten. Und nun geht es endlich los. Mit viel Energie und Motivation. Wer wollte da an Disziplinprobleme denken? Das ist das Tückische an ihnen: Man nimmt sie erstmal gar nicht ernst.

Gerade Menschen, deren Begabung eine große Rolle für den Erfolg ihrer Arbeit spielt – Künstler oder Sportler –, unterschätzen manchmal die Bedeutung von Disziplin. Was andere sich mühsam erarbeiten müssen, fliegt ihnen scheinbar zu. Doch auch Genies können irren. Der weltberühmte Pianist Artur Rubinstein etwa verbrachte seine ersten Jahrzehnte als ziemlich mittelmäßiger Pianist und widmete sich lieber den lustvollen Seiten des Lebens, statt fleißig zu üben. Erst mit über vierzig Jahren, als er geheiratet hatte, packte ihn der Ehrgeiz, und er begann nun endlich, richtig zu üben. Der Lohn: Rubinstein wuchs aus seinem Mittelmaß heraus und wurde zu einem der bedeutendsten Pianisten des 20. Jahrhunderts. Die Erkenntnis, dass es ohne Disziplin nicht geht, verließ ihn nie wieder: »Wenn ich einen Tag nicht übe, merke ich es; wenn ich zwei Tage nicht übe, merkt es meine Frau; wenn ich drei Tage nicht übe, merkt es das Publikum«, soll er gesagt haben.

Auch gewöhnliche Sterbliche, die niemals in Versuchung geraten sich für Genies zu halten, sondern bereit sind, von Anfang an für ihre Erfolge zu arbeiten, entdecken oft zu spät, welche Bedeutung Disziplin für das Gelingen ihres Vorhabens hat. Dass sie jetzt die Freiheit haben, während der Arbeitszeit zum Friseur zu gehen oder bei schönem Wetter die Kinder früher aus dem Kindergarten abzuholen, darüber freuen sie sich erstmal nur. Die Arbeit einfach mal einen Tag liegen zu lassen, weil sie heute keinen Spaß macht – ja, und genau um sich das erlauben zu können, wollten sie doch ihr eigener Chef werden, oder? Das ist doch gerade das Tolle an der Selbstständigkeit. Dass man eben nicht in dieser Tretmühle steckt, nicht an jedem Tag immer zur gleichen Zeit das gleiche machen muss, egal, wie man sich gerade fühlt. Den kleinen Schwächen nachzugeben ist ein richtiger Luxus. Einfach eine Stunde länger im Bett bleiben und dann ausgeschlafen arbeiten – was soll daran schlecht sein? Man tut es und genießt es. Es ist herrlich, ausgeruht und entspannt zu sein.

Erst mit der Zeit stellt man fest, dass der vermeintliche Luxus ein echtes Problem geworden ist. Langsam und schleichend werden aus den kleinen Freiheiten große Probleme. Man steht eben nicht nur einfach mal später auf. Sondern es verschiebt sich der komplette Arbeitsbeginn um eine, vielleicht mehrere Stunden. Die kleine Pause zwischendurch ist auch keine Ausnahme mehr, sondern eine richtige Schwäche – es werden immer mehr kleine Päuschen, und schließlich ist man kaum noch in der Lage, länger als eine Stunde am Stück zu arbeiten. Ein unrealistisches Horrorszenario, erfunden von Personalchefs, die voller Vorurteile gegenüber Freiberuflern stecken? Keineswegs. Für Freiberufler ist die Gefahr zu versumpfen real und groß. Kleine Pausen, schlechte Tage, aufgeschobene Aufgaben, das kennt jeder. Für die meisten Angestellten tun sich trotzdem keine großen Löcher auf. Sie unterstehen ausreichender sozialer Kontrolle durch Chefs und Kollegen, um nicht allzu lange herumzutrödeln. Wer dagegen allein arbeitet, kann leider ziemlich ungehindert in die Abgründe der großen Freiheit stürzen.

Im Extremfall kommt die Arbeit komplett zum Erliegen. Solche Phasen erlebt Sebastian manchmal. Gerade am Anfang seiner Diplomarbeitsphase kam es ihm auf den Tag nicht an. Er ließ es erstmal langsam angehen. Nach einer gewissen Zeit konnte er sich solche Gelassenheit nicht mehr leisten. Inzwischen muss er schon ziemlich ranklotzen, wenn er die Arbeit in der verbleibenden Frist schaffen will. Für ihn wächst damit der äußere Druck, den er braucht, um zu arbeiten. Für andere Menschen erschwert genau dieser Druck die ganze Sache: Der Berg, der nun vor ihnen liegt, ist durch den näher gerückten Abgabetermin steiler geworden – ihn zu bezwingen erfordert jetzt besonders viel Disziplin. Es kann passieren, dass nun die Katastrophe eintritt und alles zusammenbricht. Die Totalblockade: Man hört auf zu arbeiten. Sagt das Projekt ab, zieht die Diplomarbeit zurück.

Für Disziplinprobleme gibt es zwei besonders nahrhafte Situationen: Entweder ist die Arbeit gerade wenig verlockend, weil man irgendwas zu tun hat, was keinen Spaß macht. Eine Aufgabe ist langweilig, frustrierend, oder auch stressig und angsteinflößend. Dann kostet es eine ordentliche Portion Überwindung, sich trotzdem dranzusetzen und durchzubeißen. Die andere Situation ist das Gegenteil: Man hat zu wenig zu tun. Es gibt keine dringende Aufgabe, wegen der man genau jetzt an den Schreibtisch müsste. Besonders anfällig für den Drang, die Arbeit schleifen zu lassen, sind viele Selbstständige dann, wenn ein Projekt abgeschlossen ist und jetzt ein neues akquiriert werden muss. Akquise fällt den meisten Menschen ohnehin sehr schwer. Also schiebt man sie auf. Schließlich soll man doch an schlechten Tagen sowieso nicht akquirieren, da bringt man sich nicht gut rüber. Also schiebt man die notwendigen Anrufe noch einen Tag auf. Und noch einen weiteren. Und wartet auf den Tag, an dem man von der großen Dynamik gepackt wird. Nun ja, es ist nicht ausgeschlossen, dass dieser Tag kommt. Aber wahrscheinlich wird man ihn nicht bemerken, es sei denn, man katapultiert sich mit einem ordentlichen Tritt in den eigenen Allerwertesten wieder dahin zurück, wo man hingehört: an den Schreibtisch. Tut man das nicht, läuft man Gefahr, einfach nicht mehr zu arbeiten.

Sybill ist das passiert: Die Webdesignerin hatte immer für einen großen Kunden gearbeitet, der leider aus Finanzgründen immer weniger und schließlich gar keine Aufträge mehr erteilte. »Ich hab es dann einfach nicht geschafft, neue Kunden anzusprechen«, erinnert sich Sybill. »Ich hab es immer noch einen Tag und noch einen Tag aufgeschoben.« Schließlich arbeitete sie überhaupt nicht mehr. Was hätte sie auch tun sollen, ohne Aufträge? Aus der Disziplinlosigkeit am Anfang wurde eine regelrechte Lethargie. Durchbrechen konnte Sybill sie nur, weil unverhofft ein neuer Kunde anrief, dem sie von ihrem alten Auftraggeber empfohlen worden war.

So ein Anruf von einem Auftraggeber, der dringend etwas braucht, ist die Rettung. Überhaupt ist ein ungeduldiger Auftraggeber über das Honorar hinaus Gold wert für undisziplinierte Freiberufler. Denn er sagt ihnen, was zu tun ist. Endlich ist er wieder da, der äußere Druck! Alternativ zum Auftraggeber kann auch das dicke Minuszeichen auf dem Bankkonto diesen Druck erzeugen. Oder das Auto opfert sich und geht kaputt. Oder die Waschmaschine. Kein Geld zu haben, diszipliniert zuweilen ungeheuer.

Aber aufgepasst: Es ist eben wieder äußerer Druck, der jetzt treibt. Und dieser reicht nicht so weit, wie es vielleicht nötig wäre. Nur weil man jetzt wieder täglich am Schreibtisch sitzt, ist man noch lange nicht fertig mit den Disziplinschwierigkeiten. Denn auch wenn man das Projekt im Großen und Ganzen gut schaukelt, gibt es doch genug kleinere Teil- und Nebentätigkeiten, lästigen Papierkram, lästige Anrufe, die man gerne aufschiebt, unterlässt, beiseite schiebt. Die Buchführung zum Beispiel. In der Anfangseuphorie einer Selbstständigkeit gibt man seine Belege noch gern ein, das gibt einem dieses herrliche Unternehmer-Gefühl. Leider legt sich dieses schnell wieder, und die ganze Buchführung wandelt sich in pure Langeweile. Man gestattet sich nun großzügig, die Belege erstmal im unter erfahreneren Selbstständigen schon berühmt-berüchtigten Schuhkarton abzulegen.

Und verflucht sich Monate später, wenn die Steuererklärung zum Mammutprojekt mutiert, weil noch ein komplettes Jahr in der Buchführung nachzutragen ist.

Bei der Buchführung ist diese Disziplinlosigkeit lästig, aber zu verschmerzen. Ärgerlicher wird es, wenn man durch solchen Stress Fehler macht. Wenn man falsche Fensterrahmen ordert, weil man die Bestellformulare wieder mal erst auf den letzten Drücker ausgefüllt hat. Wenn man keine Flugtickets zur Messe mehr bekommt, weil man sich zu spät darum gekümmert hat. Oder wenn man die Diplomarbeit mit Layout- und Grammatikfehlern abgibt, weil es zum ordentlichen Korrekturlesen nicht mehr gereicht hat. Ganz zu schweigen davon, dass man im finalen Fertigstellungsstress, als alles so furchtbar knapp geworden war, leider keine Energie mehr für irgendwelche geistigen Höhenflüge hatte, die der Arbeit aber sicher sehr gut getan hätten.

Ärgerlich ist so etwas. Wirklich ärgerlich. Denn es handelt sich um Fehler, die eigentlich unnötig waren: Es war nicht jemand anders schuld, es war eigentlich genug Zeit, es gab keine technischen Probleme, man war nicht krank, und zu schwierig wäre es eigentlich auch nicht gewesen. Es war wirklich nur eine Frage der Disziplin. Solche Fehler verzeiht sich keiner gerne. Für Einzelkämpfer bleibt der schwache Trost, dass ihnen jetzt wenigstens nicht auch noch ein Vorgesetzter Vorwürfe macht. Sie müssen sich in erster Linie vor sich selbst verantworten, danach natürlich auch vor Auftraggebern und Sponsoren, sofern vorhanden. Am Ende der ganzen Unzufriedenheit bleibt auf jeden Fall die Erkenntnis, dass es ein Disziplinproblem gibt. Und dass die große Freiheit nicht ganz so gut und schön ist, wie man am Anfang dachte. Dass man gerne wieder ein Stück davon abgeben möchte. Nun ist man wirklich im Alltag angekommen.

Ingo, 20
Musikstudent

Mit dem Üben stehe ich schon immer auf Kriegsfuß. Ich hab als Kind schon keine Lust dazu gehabt. Posaune spielen, o. k., das hat schon Spaß gemacht. Ich war auch im Posaunenchor, und wir haben zu Karneval im Umzug mitgespielt. Bloß zu Hause hab ich das mit dem Üben einfach nicht hingekriegt. Zum Glück haben sich meine Eltern nicht richtig darum gekümmert, dass ich was tue, sonst hätten wir noch viel mehr Stress gehabt.

Ich hab erst mit dem Üben angefangen, als ich 15 war und sicher wusste, dass ich nicht länger zur Schule gehen und zu Hause rauswollte. Der einzige Weg war die Bewerbung an der Musikhochschule. Das hat mich so motiviert, dass ich ein komplettes Jahr lang total viel geübt habe. Bin wirklich jeden Tag von der Schule nach Hause gefahren und hab drei Stunden in die Posaune geblasen. Es war irre, was das brachte. Ich wurde richtig gut! Mein Lehrer hat mir auch sehr viel Mut gemacht, das hat mich natürlich motiviert.

Die Aufnahmeprüfung an der Hochschule hab ich bestanden und mein Studium läuft prima. Ich gehöre zu den Besten. Obwohl ich im Vergleich zu meinen Kommilitonen nur sehr wenig übe. Manche von denen sitzen 8 Stunden täglich in der Übezelle und machen Tonübungen. Da kann ich nur staunen. Bei mir ist nach 3–4 Stunden immer Schluss. Dann kann ich nicht mehr. Etwas Langweiligeres als Tonübungen gibt es nicht! An manchen Tagen schaffe ich nur eine halbe Stunde. Oder übe gar nicht.

Ich genüge zwar trotzdem allen Anforderungen. Aber ich habe über das übliche Lampenfieber hinaus oft eine wahnsinnige Angst in den Konzerten. Die kommt daher, dass ich nicht genug geübt habe. Dann stimmt der ganze Ansatz nicht, also die Lippenmuskulatur, die ja sehr wichtig für die Tonbildung ist, hat nicht genug Training gehabt. Und schon haut man daneben. Das kann sich keiner vorstellen, was das für ein Stress ist im Konzert. Und alles nur, weil ich es mit dem Üben mal wieder hab schleifen lassen. Am schlimmsten ist es nach dem Urlaub: Ich schleppe die Posaune jedes Mal mit, aber zum Üben raffe ich mich dann doch nicht auf, und der Effekt in den ersten Konzerten ist fürchterlich. Ich frage mich, ob ich das jemals in den Griff kriege. So wie es jetzt manchmal läuft, werd ich jedenfalls nicht sehr alt.

Ausblick **Lösungen und Perspektiven**

Arbeiten ohne Zwang klappt nur, wenn Überzeugung und Motivation an seine Stelle treten.
→ **Für den Hänger zwischendurch: Motivationstricks** (ab S. 113)

Wer keine Kontrolle hat, der schaffe sich welche: Dazu benötigt man entweder ein berufliches Netzwerk aus Fachkollegen, denen man von seinen Vorhaben erzählt und daher auch gestehen muss, wenn man etwas nicht schafft.
→ **Vernetzen gegen die Einsamkeit** (ab S. 168)

Oder man schafft sich soziale Kontrolle über Tun und Nichtstun, indem man sein privates Umfeld über seine Tätigkeiten auf dem Laufenden hält.
→ **Vorhang auf: Tu Gutes und sprich darüber** (ab S. 151)

Kontrolle hat man auch, wenn man ein Gemeinschaftsbüro bezieht, in dem die Mitmieter sehen, ob man arbeitet oder nicht, und einen außerdem mit ihrer eigenen Arbeitsfreude anstecken können, wenn man einen Durchhänger hat.
→ **Vor- und Nachteile von Gemeinschaftsbüros** (ab S. 146)

Pack die Badehose und die Kinder ein: Versuchungen

»Führe mich nicht in Versuchung«, heißt es im christlichen Vaterunser-Gebet. Denn hinter der Versuchung lockt die Sünde, und der sollte sich ein Christ ja eigentlich nicht hingeben. Heutzutage betrachten wir solche Moralvorstellungen vielleicht etwas weltlich abgeklärter und differenzierter als in der Zeit, aus der die Zeile stammt. Als Stoßgebet dürfte sie, sofern religiös, jedoch auch heute gerade den Freiberuflern noch häufig durch den Kopf schießen. Schließlich ringen auch im Leben eines modernen Menschen noch Lust und Pflicht miteinander. Und gerade für Einzelkämpfer stellt dieser Kampf eine echte Herausforderung dar, denn da ist niemand, der ihnen die Entscheidung zwischen Lust und Pflicht abnimmt. Welche Arbeit dringend ist, welches Projekt noch warten kann, müssen sie selbst entscheiden. Oder ob sie heute endlich die überfälligen Akquise-Anrufe tätigen oder sich lieber noch einen weiteren Tag lang der Buchführung zuwenden und ein bisschen um- und aufräumen. Vielleicht könnten sie sich auch mal wieder einen freien Tag gönnen oder ein bisschen Urlaub machen?

Andernorts treffen solche Entscheidungen die Vorgesetzten, oder zumindest beeinflussen sie sie. Auf jeden Fall haben sie das letzte Wort, wenn es um Abgabetermine oder die Genehmigung freier Tage geht. Im Konfliktfall kann das richtig wehtun oder wütend machen – wenn der Chef Überstunden anordnet, Termine setzt, oder eine Urlaubssperre verhängt. Denn auch wenn sich viele Vorgesetzte um ein gutes Arbeitsklima und motivierte Mitarbeiter bemühen, zählt letztlich doch das Ergebnis aller Bemühungen, nämlich der Unternehmenserfolg. Und das ist wichtiger als das, wozu die Mitarbeiter gerade Lust haben. Deshalb setzt sich der Chef in diesen Zweifelsfällen über die Unlust seiner Mitarbeiter hinweg.

Sich über die Unlust hinwegzusetzen fällt aber leider nur dann leicht, wenn es nicht die eigene ist. Wer allein arbeitet, macht schmerzhafte Bekanntschaft mit der Last der Verantwortung, die untrennbar mit der Freiheit der Entscheidung verbunden ist. Einzelkämpfer dürfen sich zwar freinehmen, wenn ihnen danach ist, ohne jemanden zu fragen. Für sie gibt es auch keine Urlaubssperre. Aber andererseits müssen sie sich nun auch selber zwingen, länger zu arbeiten, wenn es nötig ist; dringende Arbeiten zuerst zu erledigen, auch wenn sie unangenehm sind; den freien Tag zu verschieben.

Dass das nicht immer leicht ist, kann sich mancher schon vor der Selbstständigkeit denken. Doch so richtig spürt man die Herausforderung erst, wenn man in seinem Büro sitzt und sich die Frage stellt: Soll ich arbeiten, oder will ich heute lieber nicht? Dann nämlich sind die Stoßseufzer von früher plötzlich zu großen, verlockenden Versuchungen geworden, und ihnen zu widerstehen, kann sehr, sehr schwer werden. Natürlich hat man schon immer innerlich gestöhnt, wenn draußen die Sonne schien und man im Büro sitzen musste. Und manchmal wurde aus dem Stöhnen auch Schwermut, weil sich solche Momente anfühlen, als zöge das Leben an einem vorüber. Aber mehr ist nicht draus geworden, denn die Frage, ob man nun rausgeht und Sonne tankt oder im Büro bleibt, stellte sich einfach nicht – ganz klar, man MUSSTE im Büro bleiben.

Jetzt, als Alleinherrscher im Arbeitsreich, sieht man das anders. Denn jetzt könnte man ja tatsächlich rausgehen. Man könnte sich in den Park legen und ein bisschen braun werden. Einfach so, ohne jemanden zu fragen. Und warum eigentlich nicht? »Das Leben besteht nicht nur aus Arbeit«, hört man doch so oft. Bisher konnte man darüber nur müde lächeln, weil die Prioritäten klar waren. Jetzt kann man dem Leben ins Gesicht lachen: Ja, ich komme!

Es ist wirklich fatal: Alles, wovon angestellte und kontrollierte Büroarbeiter intensiv, aber folgenlos träumen, wird für Selbstständige zur Versuchung. Und das Leben lockt mit wirklich vielen Versuchungen, die es schwer machen, freiwillig am Arbeitsplatz zu verweilen. Es sind viel mehr, als man gedacht hätte. Und sie sind sehr verschieden. Was im konkreten Einzelfall eine Versuchung darstellt, hängt von den Vorlieben des Einzelnen ab. Grob kann man die Verlockungen aber schon ordnen: in solche, die stark, aber harmlos sind; in solche, denen man schleichend erliegt, und in solche, die ganz gefährlich sind, weil man sie gar nicht als solche erkennt.

Da gibt es also zunächst die starken, aber harmlosen Versuchungen. Sie stellen das absolute Kontrastprogramm zur Arbeit dar, und sie haben ganz offensichtlich nichts, aber auch gar nichts mit der Arbeit zu tun. Schönes Wetter gehört dazu – den Bauch in die Sonne zu strecken, baden zu gehen – reine Freizeit. Oder shoppen, Leute beobachten im Café, Computerspiele, die Nachmittagsvorstellung im Kino besuchen oder sich mitten am Tag ins Bett legen und fernsehen. Das alles sind reine Freizeitbeschäftigungen. Pures Vergnügen, Unterhaltung, Entspannung. Sich von ihnen locken zu lassen heißt, die Arbeit einfach liegen zu lassen, zu vergessen und sich in eine andere Welt zu verabschieden. Das sind starke Reize, und es ist nicht leicht, sich ihnen zu widersetzen. Aber wenigstens besteht kein Zweifel: Wenn man während der Arbeitszeit shoppen oder baden geht oder ein Schwätzchen mit der besten Freundin hält, dann schwänzt man. Das ist eindeutig, und wenn man will, kann man sich hinterher Selbstvorwürfe deshalb machen. Oder auch ein bisschen schadenfroh grinsen, dass man geschwänzt hat. Was man dagegen nicht tun kann, ist, sich einzureden, man hätte was geleistet an diesem Tag. Diese Art von Selbstbetrug funktioniert nicht. Einfach freinehmen und Spaß haben – das ist keine Arbeit.

Weniger eindeutig arbeitsschädlich, aber umso gefährlicher sind dagegen Versuchungen, die den Anschein von Notwendigem und Nützlichem haben, weswegen man ihnen schleichend erliegt, ohne es so recht zu merken. Putzen zum Beispiel. Putzen ist nötig. Jeder Wohnung tut das gut. Doch für einen Einzelkämpfer im Home Office kann eine gefährliche Versuchung daraus werden. Vor allem Frauen dürften diese Situation kennen: Wenn man eigentlich schon am Schreibtisch sitzt, aber irgendwie nicht richtig weiterkommt. Die Stirn legt sich in Falten, und der Blick schweift angestrengt durch den Raum. Da, eine Staubflocke! Magisch zieht sie die Betrachterin an, fort von der Arbeit, reicht ihr die Hand und führt sie zum Staubsauger. In diesem Dreck lässt sich schließlich nicht arbeiten. Also wird der Sauger in Gang gesetzt und sich der Luxus gegönnt, während der Arbeitszeit erstmal ordentlich sauber zu machen, um dann hinterher in einem blitzblanken Raum an den Schreibtisch zurückzukehren und erneut die Stirn in Falten zu legen, weil das Problem mit der Steuererklärung sich leider während des Staubsaugens nicht von selbst gelöst, sondern sehr geduldig gewartet hat.

Sauber machen statt arbeiten – eine Versuchung, der man leichter erliegt als dem Sonnenbad, weil sie sich in den Mantel scheinbarer Notwendigkeit kleidet. Es ist ja keine Freizeit, kein Genuss, zu putzen. Sondern auch eine Arbeit. Man hat ja was geschafft. Abends ist man total erledigt, ohne auch nur einen Strich für den Job oder die Diplomarbeit oder die Dissertation getan zu haben. Was für die eine putzen ist, ist für den anderen das Herumbasteln an der Website, das Installieren der neuen Firewall auf dem PC, die Reparatur des Schreibtischstuhls oder die Internetrecherche über die neuen Notebook-Preise. (Früher spitzte man exzessiv seine Bleistifte an.) Auch die Kontaktpflege zu Kollegen und Auftraggebern gehört in diese Kategorie. Mal eben anrufen oder mal eben auf der Mailingliste oder im Forum posten, was fragen, die Fragen anderer beantworten, das trägt zu einem kollegialen Umgang und zur Außendarstellung bei. Aber man könnte sich auch morgen oder übermorgen einbringen, oder? Und muss man wirklich so exzessiv posten wie heute?

Auch die Arbeit selbst kann eine Versuchung darstellen. Der freien Buchhalterin Juliane passiert es immer wieder, dass sie die drögen Sachen liegen lässt und lieber erstmal die Fachzeitschriften studiert, fertige Schriftstücke »schön« macht oder an ihrem Visitenkartendesign feilt. Das hat zwar auch alles mit ihrer Arbeit zu tun, und sie hat auch tatsächlich am Schreibtisch gesessen. Aber die weniger schönen Arbeiten sind immer noch nicht erledigt.

Nützlichen Versuchungen zu erliegen, ist nicht unbedingt schlecht. Sie müssen ja auch irgendwann erledigt werden. Und es ist auch durchaus richtig, mal nach Lust und Laune zu handeln – unter Zwang arbeitet es sich manchmal schlechter, und vielleicht geht es ja am nächsten Tag viel leichter und schneller mit der leidigen Steuererklärung? Dann gibt es keinen Grund, sich Vorwürfe zu machen, sondern dann kann und sollte man sich freuen, dass man Herr seiner Zeit ist. Falls sich die Steuererklärung allerdings am anderen Tage unverändert als zäh erweist, wird sich langsam, aber unaufhaltsam das schlechte Gewissen melden: Nun wird es doch offensichtlich, dass man spätestens ab jetzt auch den scheinbar nützlichen Ablenkungen besser widerstehen sollte.

Allerdings führen manche nützlichen und wichtigen Ablenkungen ein gewisses Eigenleben, was es schwer macht, sich gegen sie und für die Arbeit zu entscheiden. Das sind die richtig gefährlichen Versuchungen. Ein gutes Beispiel dafür sind Kinder. Unsere Lieblinge! Auch wenn Mama und Papa arbeiten, sollen die Kinder es gut haben, das steht fest. Also werden sie im Sommer früher aus dem Kindergarten abgeholt und ins Schwimmbad transportiert. Zwei- bis dreimal die Woche. Schließlich machen das die anderen Eltern auch, und nichts ist trauriger als die Vorstellung, wie die eigenen Kinder am Kindergartenzaun hängen und zusehen müssen, wie ihre Freunde fröhlich dem nassen Vergnügen entgegenziehen, während sie selbst im Kindergarten zurückbleiben, allein, mit einem kleinen Häuflein anderer bemitleidenswerter Kinder gefühlskalter Rabeneltern. Leider ist am Wochenende auch noch Sommerfest im Kindergarten. Solche Veranstaltungen leben ja vom Engagement der Eltern, wie jeder weiß. Da können wir nicht kneifen. Wenn sich keiner mehr richtig kümmert, was soll dann aus der jungen Generation werden? Also heißt es, Magnete kaufen, ein Angelspiel basteln, Kuchen backen, Salat schnippeln, dann zwei Stunden früher hingehen, aufbauen helfen. Hinterher wieder aufräumen. Am nächsten Tag total erledigt sein, am übernächsten Tag erstmal den eigenen Haushalt wieder in Schwung bringen. Diese Woche ist gelaufen, das ist klar.

Kinder gehören zur dritten und härtesten Kategorie ernst zu nehmender Versuchungen. Denn bei ihnen ist es besonders schwer, die Grenze zwischen Notwendigkeit und Überfluss zu ziehen. Natürlich kann und darf man den Kindern zuliebe mal die Arbeit liegen lassen. Um sich das erlauben zu können, geben nicht wenige Eltern sogar ihr Angestelltendasein auf. Aber wenn der Einsatz für die Kinder ausufert und die Arbeitsziele überhaupt nicht mehr eingehalten werden können: Dann stimmt doch irgendetwas nicht, oder? Mal ehrlich: Hätten wir wirklich jedes Mal mit ins Schwimmbad gemusst? Hätten wir die Kleinen nicht auch mal den anderen Eltern mitgeben können? Und hätte nicht für das Sommerfest ein kleiner Kuchen gereicht? Muss man wirklich jedes Jahr ein Spiel organisieren? Kann man die anderen Eltern nicht auch mal ranlassen?

Kinder, aber auch die anderen Menschen, um die wir uns kümmern müssen, wollen und sollen; pflegebedürftige Angehörige, Freunde in Not, soziales Engagement oder auch berufliches Engagement in Vereinen oder Verbänden – Hilfsbereitschaft, Gemeinsinn und Verantwortungsbewusstsein können sehr viel Zeit in Anspruch nehmen. Und solche Aktivitäten sind ein sehr guter Grund, stolz auf sich zu sein. Doch es gibt einen Punkt, an dem es eigentlich nicht mehr wirklich um die Freunde und die Kinder und die kranken Eltern geht, sondern in hohem Maße um uns selbst. Wir nutzen die Kinder, um der Einsamkeit am Schreibtisch zu entfliehen. Wir unternehmen etwas mit ihnen, um Nähe und Kontakt zu anderen Menschen zu haben, um Rückmeldung zu bekommen und Lob zu ernten. Von den Kindern, von ihren Erzieherinnen oder von anderen Eltern. Verkleidet in die Notwendigkeit, uns um die Kinder zu kümmern, gehorchen wir den scheinbaren Verpflichtungen nur zu gerne und im Übermaß, obwohl auch hier, keine Frage, viel weniger Einsatz schon genug gewesen wäre. Es kann auch das Einbringen in gemeinnützige Vereine, politische Parteien oder Internet-Foren sein: Hier können wir kommunizieren, hier bekommen wir Feedback. Hier werden wir gebraucht!

Eine Gemeinschaft, das Gefühl, gebraucht zu werden, ist eine ganz starke Versuchung. Wer allein arbeitet, für sich, für seine eigenen, selbst gesetzten Ziele, wird immer wieder der Versuchung unterliegen, zu fliehen und eine Gemeinschaft zu suchen. Weil es so entlastend und motivierend ist, etwas für andere zu tun. Und so einfach – man braucht gar kein schlechtes Gewissen zu haben, denn es ist ja sinnvoll und wichtig, sich um andere Menschen zu kümmern, gemeinnützige Aufgaben zu übernehmen. Gefährlich wird es, wenn man das Maß verliert. Sich im Übermaß um Freizeit und Familie kümmert. Wenn man seine Arbeit vernachlässigt und einfach »nicht mehr dazu kommt«. Dann ist die Balance gekippt. Dann ist klar: Das exzessive Engagement für die Gemeinschaft ist nicht nur sinnvolle Überzeugung. Sondern es steckt darin in Wirklichkeit auch die Flucht vor dem eigenen, dem einsamen Projekt. Vor der Angst vielleicht, dass man etwas anbietet, für das keiner bezahlen will. Vor der Befürchtung, dass wir auf dem Arbeitsmarkt nicht gebraucht werden. Oder dass wir etwas nicht schaffen, was wir uns vorgenommen hatten. Das sind die Momente, in denen man wirklich allein ist, in denen man sich auch sehr einsam fühlen kann.

Fast übermächtig ist in solchen Phasen die Versuchung, sich die so dringend ersehnte Bestätigung andernorts zu holen. Und zwar dort, wo man sie unmittelbar bekommt, wo sie sichtbar ist, wo man angelächelt wird. Ohne lange Durststrecken durchhalten oder Ängste ausstehen zu müssen. Dem Gefühl nachgeben, gebraucht zu werden, das ist wirklich eine große Versuchung. Vielleicht die größte.

Britta, 46
selbstständige PR-Fachfrau

Versuchungen – oh ja, das kenne ich. Ich hab so einen Hang zum Ehrenamt. Ich tu alles, aber nur für andere. Besonders aufopferungsvoll bin ich immer dann, wenn ich keine konkreten Aufträge habe und mal wieder akquirieren müsste. Dann lauf ich über vor Engagement.

In den letzten Jahren lief das Geschäft sehr schlecht. Da hab ich mich in die Vereinsarbeit von meinem Sportverein gestürzt. Ich bin zu jeder Sitzung von Fachausschüssen, hab mich überall reingehängt. Wir wollten dann den damaligen Vorstand absägen. Dafür hab ich tatsächlich ein geschlagenes Jahr geopfert. Erst in den Gremien. Dann in der Hintergrundarbeit. Täglich stundenlang mit anderen Beteiligten telefoniert. Abendelang in Kneipen gehockt und Pläne geschmiedet. Ich habe gemailt und mit hunderten Leuten gesprochen, damit sie zur Vollversammlung kommen und bei der Wahl die neuen Leute unterstützen.

Ohne mich lief überhaupt nichts mehr. Bei mir selbst allerdings auch nicht. Ich hab fast keine Umsätze mehr gemacht. Es gab nur noch den Verein. Das hatte sich total verselbstständigt. Inzwischen frag ich mich, an welcher Stelle ich den Überblick verloren habe. O. k., das war schon alles sinnvoll. Aber wir haben am Ende nicht das erreicht, was wir wollten. Und ich stand da: völlig ausgepowert, wirklich urlaubsreif – und kein Geld mehr, keine Aufträge, stattdessen lauter vernachlässigte Kontakte und verlorene Fäden.

So dicke hätte es nicht kommen müssen. Ich hätte mich zwischendurch ruhig auch mal um mich kümmern können. Die anderen haben schließlich auch nebenbei noch Geld verdient. Aber wenn ich ehrlich bin, wollte ich das gar nicht. Ich war froh, eine Ausrede zu haben, um mich nicht um neue Aufträge kümmern zu müssen. Diesen ganzen Akquisestress von mir wegzuschieben. Und das Tolle war: Ich war trotzdem immer im Stress. Wenn mich jemand gefragt hat, was ich mache, dann hatte ich immer was zu erzählen. So hat keiner gemerkt, was bei mir los war, und ich konnte mir selber auch richtig gut was vormachen.

Ausblick **Lösungen und Perspektiven**

Wer ständig Lust auf was anderes hat, sollte sich darüber klar werden, ob er ganz ehrlich und konsequent ist und seine Arbeitszeit bewusst handhabt.

→ **Struktur gegen Disziplinprobleme und Chaos – richtig, realistisch und gut planen** (ab S. 125)

Um dem Bedürfnis, anderen zu helfen, gerecht zu werden, sollte man Netzwerke suchen, in denen man mit anderen zusammenarbeiten kann.

→ **Vernetzen gegen die Einsamkeit** (ab S. 168)
→ **Vor- und Nachteile von Gemeinschaftsbüros** (ab S. 146)

Wenn zu viel gelingt: Chaos bei Selbstorganisation und Zeitmanagement

Darf man sich beklagen, wenn man ein Jahr nach der Existenzgründung so viel zu tun hat, dass man kaum noch weiß, wo einem der Kopf steht? »Nein«, denkt die Werbetexterin Theresa und freut sich pflichtgemäß. Denn schließlich rollt der Rubel, sie hat Aufträge in Hülle und Fülle; es scheint, als habe der Markt nur auf sie gewartet. Wer kann das schon von sich sagen? Andere Existenzgründer würden sie beneiden. Von zwei bis drei Jahren Durststrecke ist doch meistens die Rede. Dass es schon nach so kurzer Zeit so gut läuft, damit hat Theresa nicht gerechnet. Deshalb hat sie auch erstmal alles, was an sie herangetragen wurde, zugesagt. Da ist eine große Agentur, die erst versuchsweise kleinere Texte in Auftrag gab. Und dann plötzlich eine ganze Broschüre bestellte. Da hatten aber auch schon etliche der Unternehmen etwas geordert, mit denen Theresa während ihrer vorangegangenen Festanstellung zusammengearbeitet hatte. Und nun kam noch die riesige Plakataktion einer ganz anderen Agentur auf den Tisch, mit deren Interesse Theresa überhaupt nicht zu rechnen gewagt hatte.

Hätte Theresa realistisch durchkalkuliert, wofür sie wie viel Zeit braucht, dann hätte sie mindestens einen dieser Aufträge abgelehnt, denn ihr wäre klar gewesen, dass es zu viel wurde. Aber erstens hat Theresa nicht realistisch durchkalkuliert – ihr fehlt ohnehin noch die Erfahrung, den Zeitaufwand für jede einzelne ihrer Tätigkeiten richtig einzuschätzen. Und zweitens wollte sie solche Überlegungen auch gar nicht anstellen, denn sie hatte nicht vor, irgendwelche Aufträge abzulehnen. Schließlich hat sie sich nach sämtlichen dieser Auftraggeber die Finger geleckt. Und wer weiß, ob das Geschäft immer so rege bleibt. Wie will man da jemanden abwimmeln? »Das kann ich mir nicht leisten«, denkt Theresa. Und vielleicht hat sie damit Recht. Wer weiß, ob sich die zweite Agentur jemals wieder gemeldet hätte, wenn Theresa das Angebot, an der Plakataktion mitzuwirken, abgelehnt hätte? Schließlich sind die Auftraggeber immer auf der Suche nach Mitarbeitern, die Zeit haben und was schaffen können.

Nun ist Theresa natürlich im Stress und legt eine Nachtschicht nach der anderen ein, sitzt abendelang und sonntags vor dem Computer, um ihre Texte noch rechtzeitig fertig zu stellen. Im Prinzip ist so eine Stoßzeit nicht schlimm. Nur darf sie nicht allzu lange dauern, weil dann die Leistungsfähigkeit nachlässt und man einfach keine guten Arbeitsergebnisse mehr produziert. Und natürlich muss Theresa nun alles hinkriegen, was sie versprochen hat. Denn noch schlechter, als von vornherein wegen Kapazitätsengpässen einen Auftrag abzulehnen, ist, einen Auftrag platzen zu lassen, weil man sich übernommen hat. Daraus kann die Gegenseite ja nur schließen, dass man nicht in der Lage ist, seine Zeit vernünftig einzuteilen. Gibt es etwas, das noch unprofessioneller wirkt?

Gerade Anfänger tun sich schwer damit, den Zeitbedarf für die einzelnen Arbeitsschritte richtig einzuschätzen. Daran scheitern immer wieder Versuche, mit Zeitplänen die Dinge in den Griff zu bekommen. Frank, der Versicherungsvertreter, kann inzwischen über seine Startprobleme lachen, wenn er heute, nach langen Jahren, zurückdenkt: »Erstmal bin ich zu den Kundengesprächen dauernd zu spät gekommen, weil ich die Verkehrslage nicht kannte und jeden Stau mitgenommen habe. Dann hab ich abendelang am Computer gesessen, weil ich mit der Datenbanksoftware nicht klargekommen bin. Schließlich hab ich festgestellt, dass die Kunden mir nicht alle Daten für die Anträge gegeben haben. Sowieso haben die Gespräche oft viel länger gedauert, als ich angenommen hatte. Es ist wirklich unglaublich, wie oft man die Lebensgeschichte eines Menschen zu hören bekommt, wenn man eigentlich nur wegen einer Versicherung bei ihm vorbeikommt. Also, es hat wirklich Wochen und Monate gedauert, bis sich alles richtig eingespielt hatte.« Logisch: Jeder, der eine neue Tätigkeit beginnt, muss sie erstmal kennen lernen. Auch Angestellte und Teamplayer schieben sehr oft in den ersten Wochen eines neuen Jobs Überstunden, bis sie ihren Zeitbedarf realistisch einschätzen und entsprechend planen können. Allerdings können ihnen Kollegen manchmal wertvolle Hinweise geben, und oft kann man die Arbeitsschritte so übernehmen, wie es der Vorgänger gemacht hat, oder man wird sowieso in ganz feste Arbeitsabläufe integriert. Wer alleine arbeitet, muss seine Arbeit erstmal selber organisieren, das kann ganz schön mühsam sein. Als Ein-Personen-Unternehmen hat man schließlich die gesamte Aufgabenvielfalt eines Unternehmens abzudecken. Es gibt nun keine Buchhaltungsabteilung mehr und keine Werbeabteilung. Deren Arbeit muss man nun selbst erledigen. Für Existenzgründer, die sich nach jahrelangem Angestelltendasein selbstständig machen, kann sich hier manche Überraschung verbergen.

Zum Glück lassen diese Anfangsschwierigkeiten irgendwann nach. Mit wachsender Erfahrung kann man immer besser einschätzen, was wie lange dauert. Dafür sind die Zeitprobleme, die nun auftauchen, hartnäckiger, sie lassen sich nicht mehr mit ein bisschen Erfahrungslernen bewältigen. Wenn man jetzt immer noch in Zeitnot gerät und Termine nicht einhalten kann, dann hat man wirklich ernsthafte Schwierigkeiten. Manche Menschen neigen in solchen Situationen dazu, sich konsequent selbst zu belügen. Also, den Vormittag am Schreibtisch sitzen und diesen als Arbeitszeit verbuchen, aber tatsächlich private Mails an Freunde schreiben, telefonieren, PC-Spiele spielen. Oder sie verbuchen umgekehrt die Buchhaltung und die leidige Steuererklärung nicht als Arbeitszeit, obwohl das eigentlich dazugehört. Die Gründe für diesen Selbstbetrug vielschichtig: Wer sich über längere Zeit und mit negativen Folgen nur vormacht, dass er arbeitet, und die Augen davor verschließt, dass er in Wirklichkeit nicht viel zustande bringt, der verdrängt meistens grundlegende Probleme. Überforderung, Ängste können dahinter stecken, oder das heimliche Wissen darum, dass man nicht mehr weiterkommt und eigentlich einen anderen Job suchen müsste. Wer dagegen Tätigkeiten, die zur Arbeit dazugehören, nicht mit einrechnet, will oft nicht wahrhaben, dass er seine Aufträge unterbezahlt erledigt, weil er eigentlich die Buchhaltung, die Rechnungslegung und die ganze Verwaltung in seine Stundensätze mit einkalkulieren müsste. Aus dieser Einsicht resultiert dann die nächste Erkenntnis: Man müsste mehr Geld fordern – und dann kommt schon die Furcht, einen Auftrag zu verlieren, und die Angst, vielleicht gar keine Arbeit zu einem akzeptablen Stundensatz zu finden. Das sind freilich Einsichten, die erschrecken und denen viele Menschen nur ungern ins Gesicht blicken.

Der vielleicht erfreulichste Grund für Chaos beim Zeitmanagement ist, wenn man, wie die Werbetexterin Theresa, schlicht und einfach zu viel zu tun hat und Gefahr läuft, Fristen zu versäumen, zweit- oder drittklassige Arbeiten abzuliefern oder peinlicherweise andauernd Termine zu verschieben. »Augen zu und durch« lautet die unmittelbare Devise der meisten Einzelkämpfer, wenn solch eine Stoßzeit kommt. Denn dann füllt sich das Konto, und wer weiß, wie die nächsten Monate werden. Ziemlich sicher wird man ja wieder mehr Zeit als nötig zum Ausruhen haben, und so verschiebt man halt den glücklicherweise noch nicht fest gebuchten Erholungsurlaub um ein Vierteljahr und stürzt sich in die Arbeit. Wenn es einfach zu viel ist, sind Nachtschichten und Notlösungen unumgänglich. Wäre man eine Firma, würde man jetzt wegen des Auftragsbooms auch Überstunden von seinen Mitarbeitern fordern. Nach einer Weile allerdings würde eine Firma dazu übergehen, mehr Personal einzustellen, wenn absehbar viel zu tun bleibt. Je kleiner aber ein Unternehmen ist, desto mehr fällt eine zusätzliche Arbeitskraft ins Gewicht. Wenn nur wenige Menschen aufeinander angewiesen sind, dann müssen sie gut miteinander auskommen, jeder muss zuverlässig arbeiten, alle müssen ein ähnliches Leistungsniveau und zueinander passende Auffassungen haben. Es ist gar nicht so leicht, passende Mitarbeiter zu finden. Erst recht tun sich deshalb Einzelkämpfer schwer, zu delegieren, wenn sie überlastet sind. Denn das wäre ja die nahe liegende Lösung: Aufträge oder Teilaufträge abgeben oder eine Dienstleistung einkaufen. Letzteres fällt noch am leichtesten. Man macht seine Steuererklärung, seine Buchhaltung eben nicht mehr selbst, man lässt sich sein Werbematerial von anderen erstellen. Das sind allerdings auch klar abgegrenzte Bereiche, die sich relativ gut delegieren lassen. Schwieriger ist es in den Kernbereichen, in denen man arbeitet. Denn hier etwas abzugeben, hier einen Partner ins Boot zu holen, das bedeutet eventuell auch, sich selbst einen Konkurrenten ans Bein zu binden. Wenn Theresa also einen zweiten Werbetexter bitten würde, ihr einen Teil der Arbeit abzunehmen, müsste sie entweder viel bezahlen, damit dieser Texter auf die namentliche Nennung und damit auch eine schöne Referenz für sich verzichtet, oder sie müsste befürchten, dass ihre Auftraggeber auf ihren Partner aufmerksam werden und künftig Aufträge an ihr vorbei an ihn vergeben. Die anderen Kriterien – Vertrauen, Zuverlässigkeit, ähnliche Auffassungen – kämen auch noch hinzu und würden die Entscheidung nicht gerade erleichtern. Aus diesen Gründen tun Einzelkämpfer sich schwer damit, sich zu entlasten. Sie machen tendenziell lieber alles selbst. Zumal, wenn sie bewusst und freiwillig allein arbeiten und nie vorhatten, mit anderen Menschen zusammenzuarbeiten. Dann freilich bleibt dem Profi nichts anderes übrig, als Aufträge abzulehnen, was wiederum schwer fällt, weil der Auftraggeber ein Signal erhält, sich lieber andernorts umzusehen und Mitarbeiter zu suchen, die mehr Zeit haben. Ein Signal, das man ungern sendet, weil es so schwierig wird, den Kunden wieder zurückzugewinnen, wenn der Engpass vorbei ist und man die Aufträge wieder bräuchte.

Um seine Zeit schlecht zu planen und im Chaos zu enden, muss man jedoch nicht unbedingt überlastet sein. Auch in Zeiten der Unterbeschäftigung kann man Termine verschlampen und sich nachts am Schreibtisch wiederfinden. Manche Menschen sind notorische Aufschieber. Egal, was sie zu tun haben, und egal, wie viel es ist: Sie erledigen alles auf den letzten Drücker. Andere Menschen schieben nur die unangenehmen Aufgaben endlos vor sich her. Ein ganz klassischer Termin, der immer wieder überschritten wird, ist die Steuererklärung. Freiberufler und Selbstständige müssen sich eigentlich bis Ende Mai erklären. Das wissen sie lange im Voraus. Und doch rufen sie immer wieder beim Finanzamt an und bitten um ein paar Wochen Kulanz. Eigentlich unerklärlich, denn der Mai gehört ja nicht zu den Monaten, in denen sich alles drängt – so wie beispielsweise vor Weihnachten oder vor großen Messen. Allerdings gehört die Steuererklärung zu den Tätigkeiten, die wohl keiner gerne erledigt und die meisten vor sich herschieben. Der Schaden hält sich auch in Grenzen. Außer, dass man diese unangenehme Aufgabe nun noch länger vor sich hat, verärgert man höchstens das Finanzamt.

Zeitprobleme entstehen auch, wenn man sich im Home Office dauernd stören lässt oder es nicht schafft, den Freundinnen und Schwiegereltern klar zu machen, dass man während der Arbeitszeit kein Schwätzchen halten kann, auch wenn es keinen Chef gibt, der das merken und sanktionieren könnte. Meistens sind solche Störungen darin begründet, dass man seine Arbeit nicht ordentlich abgrenzt. Dass man ihr selber nicht den Respekt entgegenbringt, den sie braucht. Wenn die Arbeit zur Manövriermasse wird und man alles Mögliche andere zuerst erledigt – Einkäufe, Kinderpartys, Autowäsche –, wieso sollten die Mitmenschen dann fürchten zu stören, wenn sie mitten am Tag im Home Office durchklingeln und zu hören bekommen, dass man auf dem Sprung ist, weil man noch zur Tankstelle will und das Auto waschen?

Franka, 32
Multimedia-Autorin

Mein Problem ist, dass ich tagsüber so viel Zeit vergeude. Ich erledige da lieber kleine organisatorische Arbeiten. Wenn ich was schreiben muss, dann kann ich das besser abends. Aber abends ist mein Freund da, und da will ich eigentlich nicht mehr arbeiten. Also versuche ich doch, die großen Schreibphasen schon am Tag hinter mich zu bringen. Und dann sitze ich rum, surfe, maile und komme einfach nicht in Gang. Diese langen Anlaufphasen sind furchtbar. Ich hänge stundenlang im Arbeitszimmer herum und schaffe nichts. Im Endeffekt läuft es dann doch auf den Abend oder sogar die Wochenenden raus, was mir wegen meinem Freund wieder nicht recht ist. Immerhin wäre es nur halb so schlimm, wenn ich wenigstens so cool wäre, tagsüber die Arbeit liegen zu lassen, wenn ich merke, es geht nicht, und ein paar Stunden rauszugehen. Aber dazu kann ich mich irgendwie auch nicht durchringen.

Also eigentlich ist mir schon klar, dass ich einfach nicht entschieden genug mit meiner Zeit umgehe. Aber im Moment kann ich mich eben auch nicht richtig entscheiden. Ich weiß, was ich will, und versuche es, aber ich kriege es nicht hin, und dann läuft alles aus dem Ruder. Im Moment habe ich allerdings auch extrem viel zu tun. Vielleicht wird es wieder besser, wenn ich weniger Arbeit habe.

Ausblick **Lösungen und Perspektiven**

Um dem Chaos vorzubeugen, braucht man einen Überblick darüber, welche Tätigkeit wie viel Zeit benötigt. Nur so kann man anschließend realistische Zeitpläne erstellen.

→ **Struktur gegen Disziplinprobleme und Chaos – richtig, realistisch und gut planen** (ab S. 125)

Manche Überlastung ist mangelnder Erfahrung geschuldet. Dagegen helfen Weiterbildung und der Rat erfahrener Kollegen.

→ **Keine Angst vor dummen Fragen: Kontakte zu Kollegen suchen** (ab S. 160)

Wenn die Überlastung zum Dauerzustand wird, muss man sich nach vertrauenswürdigen Kollegen umschauen, mit denen man mal einen Auftrag teilen kann.

→ **Vernetzen gegen die Einsamkeit** (ab S. 168)

Nix geschafft und keiner meckert: Motivationsprobleme

Höchstleistungen kommen zustande, wenn ein Mensch Spaß an der Arbeit hat, mit Neugier und Interesse bei der Sache ist und sich mit ganzer Kraft für ein Projekt einsetzt, weil er vom Sinn der Sache überzeugt ist. Nur wer wirklich motiviert ist, wird seine Fähigkeiten voll entfalten und entsprechende Ergebnisse erzielen. Wer sich selbst oder andere dagegen über längere Zeit zwingt, etwas zu tun, zu dem er nicht motiviert ist, wird sich mit mittelmäßigen oder auch schlechten Ergebnissen zufrieden geben müssen. Diese Erkenntnis setzt sich unaufhaltsam durch, denn es zeigt sich immer wieder, dass in erfolgreichen Unternehmen nicht nur die Bosse, sondern auch die Mitarbeiter motiviert sind. Für Manager und alle, die mit Personalführung zu tun haben, gehört es deshalb zu den Kernfragen, wie sie ihre Mitarbeiter am besten für die ihnen zugedachten Aufgaben motivieren können. Heerscharen von Trainern, Führungskräfteakademien, Unternehmensberatern und Buchautoren leben von den Problemen, die Führungskräfte mit unmotivierten Mitarbeitern haben.

Motivation zu erzeugen ist nämlich schwierig. Es liegt nahe zu glauben, dass sie sich durch Geld herstellen lässt, und das ist auch nicht falsch. Geld allein kann sie allerdings nicht erzeugen. Zwar kann Unterbezahlung die Motivation zerstören – wer zu wenig Geld bekommt, fühlt sich ungerecht behandelt und sieht daher oftmals nicht ein, warum er sich über das notwendige Maß hinaus engagieren sollte. Es gibt aber auch Menschen, die trotz geringer Bezahlung hoch motiviert arbeiten, und es gibt Menschen, die sich für Ehrenämter beide Beine ausreißen. Es sind also auch andere Aspekte als allein die Bezahlung ausschlaggebend dafür, wie motiviert jemand ist. Im Berufsleben sind es die Möglichkeiten zur Selbstentfaltung, der beruflichen Weiterentwicklung, Aufstiegsperspektiven, aber auch die Anerkennung durch Kollegen und Vorgesetzte. In Umfragen rangieren ein gutes Arbeitsklima und vor allem die Anerkennung der geleisteten Arbeit durch die Vorgesetzten oft vor der Zufriedenheit mit dem Gehalt, wenn es um die Frage geht, welche Faktoren zum Arbeiten motivieren. Umso deprimierender, dass sich in einer dieser Umfragen, die die Unternehmensberatung Towers Perrin 2004 veröffentlichte, nur ein Viertel der deutschen Befragten als »hoch engagiert« bezeichnete.

Freiberufler dürfen sich jetzt schaudernd abwenden: Über ein mieses Arbeitsklima können sie nur dann klagen, wenn sie so schlecht gelaunt sind, dass sie sich den Tag selbst verderben. Ungerechte Vorgesetzte und mobbende Kollegen können ihre Stimmung nicht trüben. Das ist es aber auch schon, was sie ihren angestellten bzw. im Team arbeitenden Mitmenschen voraushaben. Keinesfalls haben sie es leichter mit der Motivation. Denn auf der anderen Seite fehlt ihnen ja genau das, was für die Angestellten zu den wichtigsten Faktoren ihrer Motivation zählt: lobende Vorgesetzte, beeindruckte Kollegen, anerkennende Unternehmensleitungen und Angebote, ihre Leistungen in besseren Positionen mit Unterstützung des Unternehmens weiterzuentwickeln.

Für Ermutigung, Anerkennung und Erfolg braucht man andere Menschen, und die haben Einzelkämpfer im Arbeitsalltag nicht. Wenn sie sich morgens an ihre Arbeit machen, ist niemand da, der sie anspornt oder interessiert nachfragt, was sie gerade tun. Niemand muntert sie auf, wenn sie einen Misserfolg hinnehmen mussten. Es ist auch keiner da, der mit ihnen die Probleme bei der Akquise bespricht. Und wenn etwas gelungen ist: Wer könnte sie loben? Der Allgemeinmedizinerin Marianne etwa danken nur wenige Menschen, wenn sie ihnen geholfen hat. Viele

Patienten nehmen eine Verschreibung mit, und Marianne erfährt nicht einmal mehr oder erst sehr viel später, beim nächsten Besuch, ob das Mittel gut geholfen hat. Wenn etwas nicht klappt, stehen die Patienten dagegen wieder auf der Matte, manche sind dann auch verärgert. Kurz: Rückmeldung bekommt Marianne meist nur dann, wenn es was zu meckern gibt, für gute Leistungen gibt es nur selten ein Lob. »Das Problem ist, dass ich so auch keine vernünftige Kritik bekomme, die mich weiterbringt«, sagt Marianne. »Gemeckert wird nur an einzelnen Punkten, an denen mal wirklich jemanden was stört. Meistens muss ich mir meinen Teil selber denken, weil die Patienten einfach wegbleiben, sich wahrscheinlich einen anderen Arzt suchen. Ich finde es deshalb auch schwer, mit der Kritik, die bei mir ankommt, umzugehen: Wie soll ich sie einordnen? Ist sie wirklich nur das punktuelle Problem eines einzelnen Patienten, oder ist sie die Spitze eines Eisberges?«

Mariannes Beispiel zeigt: Einerseits fehlt Einzelkämpfern das motivierende Lob. Andererseits vermissen sie aber auch eine differenzierte und kontinuierliche Rückmeldung, die über den einzelnen Tag hinaus hilft, die eigenen Schwächen zu erkennen und zu bekämpfen. Eine konstruktive, systematische Kritik, die anspornt, weil sie hilft, die Ansatzpunkte für Verbesserungen zu finden. Im Idealfall weist sie den Weg, sich nachhaltig weiterzuentwickeln. Zwar sind Vorgesetzte und Teamkollegen wahrlich keine Garanten, von konstruktiver Kritik profitieren zu können. Doch sie bringen immer noch mehr Rückmeldung und Hinweise auf Fehler, als wenn sie gar nicht existieren. Einzelkämpfer müssen auf diese Art der Hilfe meist komplett verzichten. Ihren Kunden, Klienten oder Auftraggebern kann man das kaum zum Vorwurf machen, auch wenn sich mancher ruhig etwas mehr Zeit für die Rückkopplung nehmen könnte. Doch die Auftraggeber haben vor allem Interesse an einer möglichst reibungslosen und wenig zeitaufwändigen Zusammenarbeit. Wer allein arbeitet, ist auf sich gestellt. Er hat niemanden außer sich selbst, der ihn gut kennt und einigermaßen umfassend beurteilen kann. Er muss seine Schwächen deshalb aus einer Selbstanalyse und den Reaktionen seiner

Umwelt zusammenpuzzeln und dann auf Grund dessen überlegen, was er künftig besser machen will. Wie gut er diese Ziele erreicht, welche Fortschritte er bei der Bewältigung seiner Probleme macht, muss er dann wiederum allein verfolgen und beurteilen. Andere – Auftraggeber oder freiberufliche Kollegen – werden möglicherweise gar nicht wahrnehmen, dass sich etwas verändert hat. Und über Fortschritte etwa bei der Arbeitseffektivität freut sich der Einzelkämpfer auch allein.

Schlimmer noch: Wenn er nichts verändert, kriegt es möglicherweise niemand mit. Es passiert einfach gar nichts! Egal, ob man mittelprächtig wie bisher weiterarbeitet oder ob man viel effektiver ist – es kommt keine Reaktion. Vertrackterweise sind deshalb gerade ruhige und stabile Phasen zuweilen richtig gefährlich für die Motivation. Wenn es feste Auftraggeber gibt, die auf leichte Leistungsschwankungen nicht reagieren. Wenn das Konto relativ ausgeglichen ist. Man liefert seine Grafiken ab, an drei, vier feste Kunden. Immer die gleiche Größenordnung, immer die gleichen Ansprüche. Anfangs ist solche Routine meistens sehr wohltuend, vor allem, wenn ihr eine unruhige Phase, vielleicht ein Existenzkampf vorangegangen ist. Doch nach einer Weile wird es langweilig, wenn man so allein vor sich hin arbeitet. Wenn keine Rückmeldung kommt. Das größte Problem: Jedes Lob muss man sich dazudenken. Probiert man mal was Neues aus, kommt kaum eine Reaktion, es sei denn, es gefällt nicht.

Die Folge: Man geht seiner Arbeit immer lustloser nach. Minimiert den Einsatz, da besondere Mühe ja nicht honoriert wird. Es scheint fast egal zu sein, was man tut. Darin lauert natürlich die große Gefahr, dass man sich, ohne es rechtzeitig zu merken, aufs Abstellgleis begibt. Beim Auftraggeber stellt sich irgendwann eine latente Unzufriedenheit ein. Die abgelieferte Arbeit verliert immer mehr an Brillanz. Eines Tages begegnet der Auftraggeber Konkurrenten, die pfiffigere Produkte für das gleiche Geld anbieten. Da ein Auftraggeber seinem Auftragnehmer gegenüber keine Personalentwicklung betreibt, handelt er meistens erst, wenn es zu spät ist: Er beendet die Geschäftsbeziehung, weil er gelangweilt und unzufrieden ist und jemand besseren gefunden hat. Schlaue

Freiberufler wissen natürlich um diese Gefahr und bemühen sich ihr vorzubeugen, indem sie versuchen, immer am Ball zu bleiben. Doch hier schließt sich der Kreis: Ohne systematisches Feedback ist Qualitätsverbesserung ein mühsames Geschäft.

Immerhin, wenn die Auftraggeber nicht gerade pleite sind, freut sich wenigstens das Konto. Denn es wird ja jede Arbeit, jede Leistung unmittelbar bezahlt. Deshalb geraten Freiberufler seltener in jenen Zustand von Dauerfrustration, an der manche Angestellten leiden, die jeden Monat gleich viel Geld bekommen, egal, wie gut oder schlecht, wie viel oder wenig sie arbeiten. Wer selbstständig ist, sieht am Kontostand, wie er sich auf dem Markt behauptet, ob die Akquise anschlägt, ob die Arbeitsqualität sich durchgesetzt hat. Wer als Seminarleiter seine Zuhörer langweilt, bleibt nicht lange im Geschäft und merkt das sehr schnell an den Einnahmen; wer als Designerin kreativ und einfühlsam ist, wird sich über eine wachsende Zahl von Aufträgen freuen können. Doch neben dem Geld bestimmen natürlich auch noch viele andere Faktoren, wie motiviert jemand an die Arbeit geht.

Psychologen unterscheiden dabei zwischen intrinsischer und extrinsischer Motivation: Die intrinsische Motivation entsteht durch den inneren Antrieb, der den Menschen zu seinem Handeln treibt. Ein eigenes Ziel, ein inneres Bedürfnis. Neugier, Spaß, Ehrgeiz sind die treibenden Kräfte dafür. Die extrinsische Motivation wird durch äußere Reize erzeugt: Geld und ähnliche Belohnungen, Noten, Gruppendruck. In Unternehmen können das Gehaltssteigerungen und Zulagen sein, Dienstwagen, Büroausstattung, aber auch freie Tage oder Incentivereisen. Für Einzelkämpfer sind es ähnliche Faktoren: Geld natürlich, vielleicht auch Freizeit oder dass sie sich eine bessere Arbeitsausstattung leisten können.

Dauerhaft funktioniert allerdings nur die intrinsische Motivation. Also der Spaß an der Arbeit, Ehrgeiz und Interesse. Geld oder Noten haben nur begrenzte Wirkung, wenn die Arbeit selbst keinen Spaß macht. Diese Erfahrung machen oft Menschen mit Vertriebsjobs. In Stoßtrupps von Versicherungen etwa, in denen es nur darum geht, die Kunden zum Abschluss zu bewegen, um dicke Provisionen einzukassieren. Wie im Rausch stürzen sich die meist jungen Menschen in die Akquise, gelockt vom Versprechen, in kurzer Zeit sehr viel Geld zu verdienen. Aber die meisten geben nach zwei bis drei Jahren wieder auf – mit dem Gefühl, total ausgebrannt zu sein. Wenn sie Glück haben, stimmt wenigstens der Kontostand, meistens aber ist nicht einmal das der Fall.

Nun hat mancher Existenzgründer sich ja selbstständig gemacht, um endlich tun zu können, was er will. Doch ganz ohne die äußeren Anreize kommen wohl nur wenige Menschen aus. Von Leidenschaft getriebene Künstler vielleicht, oder sehr ehrgeizige Sportler. Sie schaffen es, sich immer wieder zu motivieren, auf Ausgleich und Freizeit zu verzichten, Nächte durchzuarbeiten, monatelang hart zu trainieren. Sie treibt eine innere Leidenschaft, und die Hoffnung auf berauschende Erfolge hilft ihnen, sehr lange Durststrecken durchzustehen. Für die Normalos dagegen, die sich weniger ekstatisch durch ihren Alltag hangeln, ist es schwieriger, sich über längere Zeiträume hinweg kontinuierlich zu motivieren. Auch wenn man eigentlich gerne arbeitet: Man ist einfach nicht jeden Tag durchdrungen und erfüllt vom Sinn, der irgendwo in der Arbeit steckt, die auszuüben man ab und an einfach keine Lust hat. Immer wieder gibt es solche Tage, an denen man etwas durchhängt. An denen sich der dringend benötigte Höhenflug so gar nicht einstellen will. Bei Sportlern gibt es das Phänomen, dass es leichter ist, hinter jemandem herzulaufen oder herzufahren, als selbst an der Spitze zu laufen. Als ob einen mental jemand zieht. Übertragen auf die alltäglicheren Situationen hieße das, es wäre manchmal einfacher, wenn schon jemand da wäre, der in die Tasten haut, wenn man morgens schlapp ins Büro kommt. Das wäre schon schön manchmal.

Ausblick **Lösungen und Perspektiven**

Motivationsprobleme entstehen meistens durch den Mangel an Feedback. Um dem entgegenzuwirken, eignen sich unter anderem praxisorientierte Weiterbildungsveranstaltungen, in denen man in Übungsaufgaben eine Rückmeldung für das eigene Können bekommen kann.

→ **Keine Angst vor dummen Fragen: Kontakte zu Kollegen suchen** (ab S. 160)

Entstehen die Motivationsprobleme durch übermäßige Routine und Langeweile, dann ist es an der Zeit, nach neuen Herausforderungen zu suchen.

→ **Für den Hänger zwischendurch: Motivationstricks** (ab S. 113)

Gruppen, in denen man sich Ziele steckt und sich gegenseitig auf dem Weg dahin ermutigt – z. B. so genannte Erfolgsteams –, können ebenfalls den Ansporn von Vorgesetzten oder Kollegen ersetzen.

→ **Vorhang auf: Tu Gutes und sprich darüber** (ab S. 151)

Den ganzen Tag kein Wort gesagt: Einsamkeit

Wenn das Telefon klingelt, geht Walter, der Maler, nicht sofort ran. Sondern er streckt sich erstmal und atmet tief durch. Dann räuspert er sich. Anschließend greift er zu dem Wasserglas, das immer neben dem Telefon steht. Er trinkt einen, vielleicht auch mehrere Schluck Wasser. Dann malmt er ein paar Mal mit dem Mund, wie Kamele es tun. Das Telefon klingelt nun zum fünften Mal, aber noch geht Walter nicht ran. Sondern atmet erst noch einmal tief ein und stößt ein lautes, dröhnendes »Hoooo hooooooo« heraus. Dann erst hebt er den Hörer ab.

Walter hat nicht, wie man vielleicht meinen könnte, heidnische Glücksbeschwörungs-Seminare besucht. Sein Telefonritual dient vielmehr einem sehr profanen Zweck: Walter ölt damit seine Stimmbänder. Denn wenn bei ihm das Telefon klingelt, hat er oft seit Stunden nicht gesprochen. Manchmal den ganzen Tag noch nicht. Ginge er dann ohne sein Ritual ans Telefon, wäre seine Stimme so belegt, dass er kaum ein Wort herausbrächte. Wie eingerostet stammelte er Unverständliches, anstatt klar und deutlich seinen Namen zu nennen. »Hallo? Wer spricht denn da?«, haben ihn früher die Gesprächspartner am anderen Ende der Leitung manchmal gefragt. Sehr peinlich, und deshalb hat Walter dieses stimmbildende Ritual entwickelt.

Wenn Walter malt, verbringt er viele Tage ganz allein. An diesen Tagen spricht er nicht. Bis auf die peinlichen Momente am Telefon ist das für Walter kein großes Problem, denn er arbeitet gern allein. Er braucht die Einsamkeit, um sich auf seine Bilder und die ihnen zugrunde liegenden Stimmungen einzulassen. Zeitweise geht er in seinen Schaffensperioden überhaupt nicht mehr ans Telefon. Wenn er malt, hält er sich das Leben und die Menschen, die ihn sonst gerne und zahlreich umgeben, vom Hals. Sonst kann er einfach nicht malen, hat er festgestellt. Natürlich steigt auch ab und zu eine große Einsamkeit in ihm hoch. Sie kann gut tun, kann aber ebenso Angst machen. Walter kennt diese Gefühle. Für ihn sind sie wie alte Bekannte. Er hat gelernt, sie auszuhalten, wenngleich das nicht immer leicht fällt. An manchen Tagen schwingt er seinen Pinsel einsam und erhaben. An anderen Tagen liegt er genauso einsam, aber weniger erhaben in seinem Bett und schaut sich die Gerichtsshows im Nachmittagsfernsehen an. Oder Jürgen Fliege. An solchen Tagen leidet Walter, denn mit dem Fernsehen betäubt er die Einsamkeit, läuft vor ihr davon. Kommt dabei aber mit seiner Arbeit keinen Schritt weiter. Andererseits gehören eben genau solche Tage zu seinem Arbeitsrhythmus dazu, denn an ihnen baut sich genau dieser Leidensdruck auf, der Walter wieder an die Leinwand treibt und dann jene Bilder entstehen lässt, für die ihm später Kunstfreunde ein paar hundert, vielleicht sogar ein paar tausend Euro zahlen werden. Dann spätestens löst sich die Einsamkeit, wenn er erlebt, wie andere Menschen von seinen Bildern berührt werden. Wenn sie beim Betrachten die Empfindungen teilen oder erahnen, die er beim Malen seines Werks auch hatte.

Einsamkeit in der Arbeit produktiv zu wenden, ist ein Privileg von Künstlern. Anderen Einzelkämpfern gelingt das nicht so leicht. Ein extremes Gegenbeispiel zu Walter ist Dorett. Auch sie spricht oft an ihren Arbeitstagen kein einziges Wort. Auch sie leidet darunter. Allerdings kann sie nichts, aber auch gar nichts Positives daraus entwickeln. Für sie ähnelt die Einsamkeit eher einer Einzelhaft. Als sie aus dem belebten Sekretariat ihrer Firma abgezogen und zur Weiterbildungsreferentin befördert wurde, hat sie sich zuerst gefreut. Denn anstatt Briefe zu schreiben, Post zu sortieren, Termine zu verwalten und das ständig bimmelnde Telefon in Schach zu halten, sollte sie nun Seminare organisieren. Inhaltlich eine Herausforderung, eine Veränderung, auf die sie gewartet hatte. Und eigentlich ist sie an eigenständiges Arbeiten auch gewöhnt. Doch leider sitzt sie nun den ganzen Arbeitstag mutterseelenallein in einem Büro auf einem Flur, in dem jeder seine Tür geschlossen hält und man sich nicht einmal auf dem Gang zur Toilette richtig grüßt. Gewürdigt wird ihre Arbeit auch nicht. Die Atmosphäre ist eisig und macht sie kaputt. »Ich gehe ein da unten«, stellt sie fest.

Dorett reagiert ähnlich wie Walter: Sie sucht Gesellschaft. Was Walter auf dem Fernsehbildschirm findet, hat Dorett im Internet gefunden: in Foren, in denen sie sich exzessiv betätigt. Sie mailt und mailt und postet zu allen möglichen und unmöglichen Fragen. Dorett tauscht sich vor allem mit anderen Frauen aus, konferiert stundenlang über Sportarten, Kochrezepte und Beziehungsstress. Das betäubt die Einsamkeit. Eine Lösung ist es nicht, denn die Rettung in den Privatchat ist eine Verdrängung und weist ihr natürlich keinen Weg aus ihrem beruflichen Dilemma heraus.

Tagelang nicht sprechen oder bei niemandem auf Interesse für die geleistete Arbeit stoßen: Das sind die harten Momente, in denen Einzelkämpfer an ihre Grenzen stoßen und merken, wie allein sie sind. Manche Menschen erleben das, wenn sie längere Projekte allein bewältigen müssen, lange Schreibphasen zum Beispiel. Oder längere Planungsphasen. Soll man etwa jeden Abend zum Hörer greifen und all seinen Freunden erzählen, wie viele Seiten man heute geschrieben hat? Wen interessiert überhaupt, was man macht? Eine leidvolle Frage, mit der schon ganz junge Menschen konfrontiert sind, wie Studienberater zu berichten wissen: Studienanfänger, die nach der Schule ihr Elternhaus verlassen und in eine große Stadt mit einer großen, anonymen Hochschule ziehen, wo sie niemanden kennen und anfangs, je nach Studiengang, auch niemanden kennen lernen. Wie Outlaws, ausgeschlossen von der menschlichen Gesellschaft schleichen sie durch die Stadt und zweifeln an ihrer Lebensfähigkeit, bis sie nach Wochen oder Monaten doch noch Anschluss finden. Dann läuft das Studium vielleicht ganz gut, aber bei der Abschlussarbeit oder bei der Promotion kann einen die Einsamkeit nochmal einholen; wenn man monatelang ganz alleine forscht und arbeitet und das Thema meistens noch so kompliziert ist, dass niemand, der nicht vom Fach ist, begreift, wovon man redet.

Man könnte sich ja dann, wie Dorett, wenigstens irgendjemanden suchen und über das Wetter, Politik oder Filme reden. Das kann tatsächlich ablenken, wird aber nicht wirklich weiterhelfen, wenn der Schuh bei der Arbeit trotzdem drückt. Einsamkeit ist nicht daran gebunden, ob und wie viel man spricht. Ein Schauspieler, der eine Rolle lernt, murmelt und deklamiert vielleicht den ganzen Tag vor sich hin. Seine Stimme rostet bestimmt nicht ein! Trotzdem ist er in diesen Tagen allein. Eine Lehrerin steht jeden Tag vor der Klasse und kommuniziert mehr, als ihr lieb ist. Ein Versicherungsvertreter, der den ganzen Tag erfolglos versucht, Kunden zum Abschluss neuer Verträge zu bewegen, hat sich den Mund fusselig geredet. Sie alle werden sich am Abend möglicherweise trotzdem einsam fühlen. Sie waren zwar unter Menschen, aber trotzdem allein, denn zu den Menschen, mit denen sie zu tun hatten, haben sie ein sehr distanziertes oder funktionales Verhältnis. Sie können nicht mit ihnen über das sprechen, was sie wirklich bewegt. Wenn sie sich über Kunden ärgern, müssen sie ihre Wut herunterschlucken und können nicht anschließend bei einem Kollegen ihrem Ärger Luft machen. Sich Bälle zuspielen in schwierigen Gesprächen, sich gemeinsam auf eine komplizierte Schulstunde vorbereiten – all das entfällt.

Grundsätzlich fechten Einzelkämpfer vieles mit sich selber aus. Manche haben natürlich befreundete Kollegen, die sie im Café treffen oder anrufen, mit denen sie sich bei Problemen beraten oder über Auftraggeber austauschen können. Mit ihnen diskutieren sie vielleicht sehr genau durch, wie die Präsentation in der kommenden Woche optimalerweise ablaufen sollte, welche Probleme zu erwarten sind, wie der potenzielle Kunde einzuschätzen ist. Auch Freunde oder Lebensgefährten sind oft geduldige Berater. In Ermanglung fachlicher Kenntnisse bieten sie eher Hilfestellung, wenn es um Ängste und psychische Dispositionen geht. Mit ihnen kann man durchsprechen, wovor man sich am meisten fürchtet und wie man mit seinen Ängsten am besten umgeht. Wer großes Glück hat, pflegt Freundschaften oder eine Beziehung, in der der andere wirklich Anteil nimmt. Sich täglich anhört, was los ist, und sich auch jenseits der objektiven Faktenlage für die inneren, seelischen Prozesse und Kämpfe interessiert, die ein Einzelkämpfer mit sich selbst erlebt. Eine solche Beziehung gibt einem das Gefühl, es sei nicht egal, was man denkt, fühlt, hinkriegt oder vermasselt. Sie vertreibt die Einsamkeit.

Aber solche Beziehungen oder Freundschaften hat nicht jeder, oder es findet nicht jeder die Zeit, sie zu pflegen. Eine Familie zu haben, mit einem Partner zusammenzuleben, das bewahrt zwar vor tagelangem Schweigen. Aber es bedeutet nicht unbedingt, dass man auch seine Arbeitsprobleme besprechen kann. Manchmal nimmt die restliche Lebensorganisation – etwa die gemeinsame Sorge für die Kinder – so viel Zeit und Aufmerksamkeit in Anspruch, dass man einfach nicht mehr dazu kommt, sich über die Arbeit auszutauschen. Manchmal entsteht Konkurrenzkampf in einer Partnerschaft: Dann weigert sich der andere, zuzuhören, weil er sich selbst nicht ausreichend wahrgenommen oder sogar zugeschüttet fühlt von den Berichten des Einzelkämpfers, der tatsächlich zu exzessiven Ausführungen neigt, weil er sonst niemanden hat, dem er sich mitteilen kann. Es ist ja nicht so, dass Einzelkämpfer nur unter mangelnder Anteilnahme ihrer Umgebung leiden. Sie selbst sind unter Umständen auch nicht leicht zu ertragen. Wer überhaupt keine Kollegen hat, mit denen er sich austauscht, spricht sich manchmal entsprechend hemmungslos bei seinen privaten Freunden aus und bekommt gar nicht mehr mit, dass es dem Freund jetzt zu viel wird und der auch gerne noch was von sich erzählt hätte.

Unabhängig davon, ob man bei Freunden und Familie mit seinen Sorgen und Nöten auf offene oder taube Ohren stößt, fehlt im Alltag des Einzelkämpfers das gemeinsame Erleben. Das Teilen von Erlebnissen. Das wortlose Zusammensein und die Abenteuer, wie z. B. abwechselnd einen Kunden in die Zange zu nehmen und den Preis hochzutreiben und sich anschließend noch jahrelang zusammen daran erinnern zu können. Mit wem sollen Einzelkämpfer am Jahresende anstoßen? Mit wem führen sie diese »Weißt-du-noch«-Gespräche? Diese Art der Einsamkeit tut nicht immer weh, aber manchmal doch. Wenn man zur Weihnachtsfeier eines Auftraggebers geladen ist, dort viele nette Gespräche pflegt, aber sich dann, je später der Abend wird, die Angestellten dieses Kunden immer näher kommen und zusammen kaputtlachen über dieses Jahr, das sie hinter sich haben. Über Kollegen, die sich blamiert haben. Oder sich gegenseitig aufziehen. Einzelkämpfer sind ausgeschlossen in solchen Momenten. Manche freilich schlagen auch drei Kreuze bei solchen Beobachtungen. »Weißt-du-noch«-Gespräche kann man schließlich auch in anderen Lebensbereichen führen. In Maßen ist Einsamkeit der Gesellschaft manchmal auch vorzuziehen.

Das Maß geht jedoch verloren, wenn Einsamkeit lähmt. Wenn es zu viele Gefühle gibt, die man gerne teilen würde. Das können Sorgen und Ängste sein, aber auch Freude und Stolz. Wenn man allein im Auto sitzt und heult, weil der Großkunde die Zusammenarbeit aufgekündigt hat oder der Professor die Gliederung für die Promotion in der Luft zerrissen hat. Dann wäre es schon gut, wenn jemand da wäre, der tröstet. Oder gar die Hälfte des Elends auf sich nimmt. Jemand, der mitbetroffen ist und der vielleicht auch helfen wird, die Karre wieder aus dem Dreck zu ziehen. Freunde, die man später anruft, um sich auszuheulen, werden zwar trösten. Doch ihren Kontostand wird der Verlust des Großkunden nicht beeinträchtigen. Sie müssen die schon gebuchte Urlaubsreise nicht stornieren. Und sie werden auch nicht nach einem neuen Kunden suchen müssen.

Ebenso muss man sich allein freuen, wenn man allein arbeitet. Die Freunde freuen sich pflichtgemäß mit, wenn man sie über die neusten Erfolge informiert. Doch es ist nicht ihr Erfolg, und sie profitieren nicht davon. Sie haben jetzt auch keine Zeit, ihre Arbeit fallen zu lassen und den Tag zum Feiern zu nutzen. Und oft verstehen sie gar nicht, worum es geht. Auch das ist schwer für Einzelkämpfer: jemanden zu finden, dem sie sowohl die fachlichen als auch die emotionalen Seiten ihrer Arbeit nahe bringen können. Privaten Freunden fehlen meist die Fachkenntnisse; Fachkollegen dagegen können zwar verstehen, worüber man sich aufregt, doch wenn das Vertrauensverhältnis nicht stimmt, mag man nur sehr distanziert berichten und hält sich mit den wirklichen Gefühlen zurück.

Im Extremfall kann eine solche Isolation bei der Arbeit sogar zu einer Art Doppelleben führen. Manche Menschen koppeln Arbeits- und Privatleben total voneinander ab. Sie treffen abends Freunde oder kümmern sich um ihre Kinder und kämpfen tagsüber mutterseelenallein mit ihren Sorgen und Problemen. Diese Aufspaltung ist auch bei Teamarbeitern üblich. Doch sie können sich bei der Arbeit mit Kollegen austauschen. Wer dagegen alles in sich hineinfrisst, vereinsamt möglicherweise auch im Privatleben: Er schleppt einen Berg von Arbeitsthemen mit sich herum, die er nirgends mitteilt. Das Angefülltsein mit den eigenen Problemen macht es ihm außerdem immer schwerer, sich auf die Themen seiner Familie oder seiner Freunde einzulassen. So verschließt er sich auch ihnen gegenüber, stößt sie vielleicht sogar mit Desinteresse und Abweisung vor den Kopf.

Wenn die Vereinsamung fortschreitet, lassen die Betroffenen oft niemanden mehr richtig an sich heran, teilen sich nicht mehr mit, leben in einer eigenen Welt, aus der sie nur sehr vereinzelt und gezielt etwas nach außen dringen lassen. Kollegen und Auftraggeber bekommen sachliche Infos mitgeteilt. Die Familie erfährt nur Finanzielles. Was wirklich los ist im Büro oder wann der Vater mit dem Wagen übers Land fährt, weiß keiner wirklich. Je länger die Abkapselung dauert und je mehr Berichtenswertes sich anhäuft, desto schwieriger wird es, alles noch zu erzählen.

Manche Menschen stürzen sich dann immer mehr in die Arbeit. Widmen sich ihr immer exzessiver. O. k., solange sie glücklich sind. Doch wie lange kann man so glücklich sein?

Frank, 54
Versicherungsvertreter

Ich habe ja schon einiges hinter mir, einen richtigen Zusammenbruch, Alkoholprobleme und so. Aber meine Freundin hatte schon vorher das Weite gesucht. Meine Beziehung ist an dem Druck kaputtgegangen, mit dem ich nicht richtig umgehen konnte. Das Unternehmen, für das ich damals gearbeitet habe, hat sehr hohe Umsatzzahlen vorgegeben, die wir erreichen sollten. Andernfalls wurde die Zusammenarbeit beendet, damit haben sie jedenfalls gedroht. Da habe ich wirklich viele Nächte schlecht geschlafen. Meine Freundin hat sich schon dafür interessiert. Aber ich hab ja immer das Gleiche erzählt! Monatelang. Eigentlich jahrelang. Und immer rumgemotzt, wie furchtbar alles ist. Ich hatte permanent schlechte Laune. Meine Freundin hatte irgendwann keinen Nerv mehr, sich das alles ständig anzuhören. Es kam ja noch hinzu, dass ich für nichts anderes mehr zu gebrauchen war. Entweder hab ich mich zu Hause vor die Glotze gehängt, oder ich bin in meine Stammkneipe und hab da irgendwen zugetextet. Freunde sehen, was unternehmen – das musste meine Freundin allein machen.

Inzwischen habe ich Kollegen, also Leute, die den gleichen Job machen wie ich, mit denen ich mich gut verstehe, wo auch das Vertrauen da ist, über Probleme zu sprechen. Das erleichtert ungemein, dass es den anderen auch so geht. Und manchmal lässt sich das ein oder andere Problem auch lösen. Vor allem hab ich nicht mehr diesen riesigen Druck. Aber dass dieser Stress, wenn man alles in sich reinfrisst, eine Beziehung zerstören kann, das ist wirklich wahr. Das haben mir andere inzwischen auch erzählt.

Ausblick **Lösungen und Perspektiven**

Auch wenn man Teamarbeit und Nähe scheut: Wer sich einsam fühlt, muss aus seinem Schneckenhaus herauskommen und Kontakte knüpfen.

→ **Vernetzen gegen die Einsamkeit** (ab S. 168)

Manchmal liegt es an der Umgebung, wenn man sich einsam fühlt. Den ganzen Tag allein in einem stillen Zimmer zu verbringen, ist eine Situation, die auch hartgesottene Gemüter leicht in eine Krise stürzen kann. Dann gilt es, die Arbeitsumgebung zu verändern.

→ **Zu still? Oder zu lebendig? Den Arbeitsplatz verändern** (ab S. 141)

Wenn man andere Menschen in seiner Umgebung braucht, ist vermutlich ein Gemeinschaftsbüro die beste Lösung.

→ **Vor- und Nachteile von Gemeinschaftsbüros** (ab S. 146)

Kein Trost, nirgends: Wenn alles schief geht

Pleiten, Pech und Pannen: Wer hat nicht manchmal das Gefühl, eine ganze Folge dieser beliebten Fernsehsendung füllen zu können, bei der die Zuschauer genussvoll und schadenfroh über gefilmte Unfälle des Alltags lachen. Die entsprechenden Albträume hat wohl jeder mal, denn auch im Berufsleben gibt es unzählige Möglichkeiten, etwas zu vermasseln. Sei es, dass man zu früh auf den Abschickbutton im E-Mail-Formular klickt und nun die Mail nicht den richtigen Stundensatz enthält. Sei es, dass man einen Abgabetermin verschläft. Oder eine falsche Adresse aufsucht. Peinlich ist so was immer, ärgerlich meistens, und manchmal auch saukomisch, aber man lacht natürlich immer erst hinterher.

Bei solchen kleinen Missgeschicken ist es manchmal richtig gut, ein Einzelkämpfer zu sein. Dann kann man sich nämlich ganz in Ruhe schämen. Ins Büro oder nach Hause fahren oder ins Auto verkriechen und dort ganz ungestört knallrot werden, die Hände vors Gesicht schlagen und den Kopf in den Armen vergraben. Sich wirklich im wahrsten Wortsinn vor der ganzen Welt zu verkriechen, sich seine Vorwürfe selbst zu machen und nicht schnell zu irgendeiner Fassung finden zu müssen, weil alle Kollegen einen anstarren und man ihnen gleich erklären muss, wie das jetzt wieder passieren konnte, ist oft natürlich angenehmer als sich gerade in einem solchen Moment auch noch verteidigen zu müssen.

Aber es gehen ja leider nicht nur kleine Sachen schief, sondern auch größere, und dann ist es nicht mehr so witzig, sondern grenzt fast schon ans Tragische. Da springen Auftraggeber ab oder zahlen nicht mehr. Kunden wollen keine Verträge mehr abschließen – gleichzeitig schreibt der konkurrierende Kollege einen Vertrag nach dem anderen auf sein Konto. Das tolle Projekt, für das man ein in wochenlanger Arbeit ausgefeiltes Angebot abgegeben hat, bekommt ein anderer. Missgelaunt wendet man sich wieder den Projekten in der Unterliga zu, aus der man sich eigentlich herausschwingen wollte, und da kriegt man nun zu hören, dass der junge Konkurrent um 30 Prozent billiger arbeitet, sorry. Und ausgerechnet jetzt, wo die Auftragslage mau ist, geht der Wagen kaputt oder der Computer wird von einem Virus lahm gelegt. Dann meldet sich das Finanzamt zur Steuerprüfung und fordert anschließend saftige Nachzahlungen. Und der Großkunde hat immer noch nicht gezahlt …

Das Ende vom Lied ist meistens, dass man kein Geld mehr verdient. Jedenfalls nicht mit der Tätigkeit, mit der man es verdienen möchte. Wenn es so weit kommt, geraten Einzelkämpfer leicht in eine Abwärtsspirale: Nach außen wollen sie stark bleiben und tun deshalb alles, um ihre Misere zu verbergen. Bloß keine Schwäche zeigen! Deshalb suchen sie sich lieber keine Hilfe und bekommen logischerweise auch keine. Ihre Umgebung bemerkt tatsächlich nicht, was los ist, und macht ihnen das Leben eher noch schwerer, denn wer eindrucksvoll auftritt, reizt die anderen auch zum Bluffen – ein Echo, das die Verunsicherung noch steigert.

Die Managementtrainerin Andrea hat diese Abwärtsspirale vor wenigen Jahren bis ganz nach unten durchlitten. Zuerst brach mit der Reform der Arbeitsämter der Weiterbildungsmarkt zusammen. Schlagartig stand Andrea komplett ohne Aufträge da, zudem zahlten die verbliebenen Bildungsträger bis zu 50 Prozent weniger. Gleichzeitig zeigte auch die Wirtschaftskrise Wirkung: Viele Unternehmen kürzten ihre Ausgaben für Weiterbildung vor allem in den Bereichen, in denen Andrea tätig war: Kommunikation, Teambildung und ähnliche Themen. Für Andrea eine Katastrophe, für viele ihrer Kollegen auch. Andrea kennt etliche, die beim Sozialamt gelandet sind. Eine Horrorvorstellung für Andrea, doch es tat sich einfach kein Königsweg auf. Mit ihrem Konto ging es bergab. Die Bank stieg aus. Die Vermieterin drohte mit Rauswurf. Wochenlang hatte Andrea kein Geld mehr in der Tasche. Zwei Freunde liehen ihr ein paar hundert Euro. Das reichte, um etwas zu essen zu kaufen, aber nicht immer. »Ich habe an manchen Tagen sogar gehungert«, berichtet Andrea. »Dann war nur noch ein bisschen Toast da, und ich hatte absolut nichts mehr im Portemonnaie.« Freilich hätte sie nicht wirklich verhungern müssen. Immerhin gab es noch das Auto, und dessen Tank war, im Gegensatz zu Andreas Magen, ganz gut gefüllt.

Es sollte ja niemand merken, wie weit sie schon über dem Abgrund schwebte. Nur die beiden besten Freunde wussten Bescheid. Alle anderen, auch die Kollegen, erfuhren nichts. Denn: Wer beauftragt schon einen Verlierer? Instinktiv erhielt Andrea die Fassade aufrecht. »Jeder weiß, dass Selbstständigen so was passieren kann«, sagt sie. »Aber wenn es dann so weit ist, traut man den Leuten irgendwie nichts mehr zu.« Und sich selber traut man auch nichts mehr zu. Andrea akquirierte, rief Firmen an, verschickte Mappen und Konzepte. Tagelang, wochenlang, monatelang tat sich nichts, kam keine Resonanz. Andrea tat, was man auch von Arbeitslosen kennt: Sie isolierte sich, zog sich zurück. Ging seltener aus dem Haus, mied Treffen mit Kollegen, rief keinen mehr an, meldete sich einfach nicht mehr. Obwohl sie wusste, dass der Markt zusammengebrochen war, fühlte sie sich wie eine Versagerin. Und sie fragte sich noch dazu, ob sie nicht allmählich zu alt wurde. Ob die Trainingskonzepte, die sie anbot, vielleicht einfach nicht mehr up to date waren? »Es klingt vielleicht maßlos übertrieben, aber es gab Momente, die waren so finster, da habe ich überlegt, ob ich mich umbringen sollte. Ich sah einfach keine Lebensperspektive mehr für mich«, erzählt sie. Der Tiefpunkt für sie, die immer so selbstständig war: »Ich hab mich darüber geärgert, dass mein Freund sich um seine Tochter sorgte und mir nicht anbot, mich mit durchzufüttern. Obwohl mein Kopf genau wusste, dass ich das gar nicht ausgehalten hätte, habe ich mich unheimlich nach einem Mann gesehnt, der für mich sorgt. Gleichzeitig hätte ich mich aber nie getraut, das offen auszusprechen und von meinem Freund einzufordern.«

Allein sein und scheitern: eine Katastrophe für das Selbstwertgefühl. Scheitern ist irgendwie leichter zu ertragen, wenn man ein Projekt mit Kollegen und dem Chef zusammen in den Sand setzt. Oder wenn ein ganzes Team das Rennen um den Großauftrag verliert. Nicht, dass man sich dann nicht auch elend fühlen würde. Natürlich fürchtet man auch dann um sein Geld, den Job, die Existenz. Aber es sind eben auch die anderen betroffen. Sie teilen – sofern überhaupt vorhanden – die Schuld am Scheitern, und sie teilen auch das Leid. Das heißt einerseits ganz simpel: Die Kollegen haben es auch nicht besser gewusst. Man hat seinen Anteil, o. k., aber man muss sich nicht so sehr schämen. Vielleicht kann man sogar die Schuld ganz von sich weisen, vielleicht hat eine der anderen Abteilungen schlecht gearbeitet? Vielleicht lag es am Service oder am Vertrieb? Natürlich ist es wiederum sehr ärgerlich, wenn man Geld oder gar seinen Job verliert, weil andere nicht gut arbeiten. Aber wenigstens fühlt man sich nicht als Komplettversager. Zudem ist geteiltes Leid bekanntermaßen halbes Leid. Man fragt sich gemeinsam, was schief gelaufen ist, und vor allem, was man hätte besser machen können. So grenzt man die Katastrophe ein, macht sie handhabbar und findet eine Perspektive, um weiterzumachen. Wer allein arbeitet, muss dagegen Niederlagen und Rückschläge auch allein bewältigen. Alles auf die eigene Kappe nehmen, die Verantwortung alleine tragen. Da ist niemand, der einen tröstet, und niemand, der einen Teil der Schuld auf seine Schultern nimmt oder dem man die Schuld zuschieben könnte. Man hat sich etwas vorgenommen und es nicht geschafft. Vielleicht war es auch gar nicht zu schaffen, aber dann hat man selbst eine Fehleinschätzung produziert. Wie man es auch dreht und wendet, man wird die Sache nicht los.

Das Schlimmste für Einzelkämpfer in Not ist vielleicht die Tatsache, dass erstmal niemand hilft. Einzelkämpfer haben keine Urlaubsvertretung und keine Vertretung für den Krankheitsfall und keine Kollegen, die sie mit durchziehen, wenn Auftragsflaute herrscht. Bestenfalls gibt es Freunde, die einem ein bisschen Geld leihen (wenn sie können), bis es wieder besser geht. Wer krank ist, muss den Auftrag abgeben und den verlorenen Auftrag aus seiner Einnahmenkalkulation löschen. Und nach der Genesung muss man unter Umständen noch der Tatsache ins Gesicht blicken, dass der Kunde seinen Auftrag inzwischen anderweitig vergeben hat und ein anderer den eigenen Platz übernommen hat. Auch wenn man gesund ist: Da sind keine Kollegen, die helfen, wenn man sich zu viel Arbeit aufgehalst hat. Oder die die übernächtigte Säuglingsmutter erst in den Arm nehmen und dann mit den liebevollen Worten »nun ruh dich doch erstmal aus« nach Hause schicken und ihre Arbeit übernehmen. Oder die beispringen, wenn der Rechner zusammengebrochen ist und man alles nochmal machen muss. Dann sitzt man als Einzelkämpfer mutterseelenallein im Büro, sieht draußen erst die Sonne untergehen und später die Lichter in den anderen Häusern ausgehen und arbeitet, arbeitet, arbeitet, bis die Sonne wieder aufgeht.

Und gerade nach solchen Nächten passiert es manchmal, dass der Auftraggeber am nächsten Tag am abgegebenen Produkt herummäkelt. Dann muss man sich entscheiden: Akzeptiert man die Kritik und arbeitet nochmal nach? Oder weist man die Kritik zurück, grenzt sich ab? Es ist schwer, so etwas einzuschätzen. Wie viel lässt man sich gefallen? In einem Team trifft man eine solche Entscheidung leichter, und man trägt dann ja auch die Konsequenzen gemeinsam, falls der Auftraggeber nicht zufrieden ist und es zum Bruch oder Konflikt kommt. Wenn man sich rückgekoppelt hat, vertritt man seine Meinung ja auch besser, fühlt sich stärker.

Einzelkämpfer haben solche Unterstützung und Verstärkung nicht. Sie müssen sich Hilfe erst suchen. Doch das setzt voraus, dass man einen fähigen Fachkollegen findet, zu dem man genügend Vertrauen hat und dem man die Misere offenbaren möchte. Vielleicht sagt der dann sogar: »Hey, dass du solche Probleme hast, tröstet mich, denn mir geht es gerade ähnlich.« Probleme hat wohl so ziemlich jeder, man spricht nur nicht gerne darüber.

Und deshalb fragt auch keiner. Man will ja nicht zugeben, dass man versagt hat. Lieber reicht man seine restlichen, eindrucksvollen Visitenkarten bei den Netzwerktreffen herum und ist so damit beschäftigt, so zu tun, als sei man ausgelastet, dass man gar nicht bemerkt, dass sich die Kollegin P. immer »nur ein Wasser« bestellt, wenn sie sich zum Netzwerken in der Kneipe trifft. Gegessen habe sie schon, erklärt sie dazu, und sie müsse ja noch fahren. Und wenn sie das Wasser ausgetrunken hat, schaut sie auf die Uhr, wartet noch ein Weilchen und murmelt dann was von einem Exposé, das sie heute Abend noch fertig stellen muss. Dann zahlt sie ihr Wasser und verabschiedet sich. Den anderen fällt das gar nicht weiter auf. Man muss P. schon sehr aufmerksam beobachten und mehrmals treffen, um zu dem Schluss zu kommen, dass P. total pleite ist.

Ausblick **Lösungen und Perspektiven**

Wenn alles schief geht, braucht man Hilfe, und je eher man sich diese sucht, desto sicherer ist man vor dem Absturz. Ein Netzwerk aus wohl gesonnenen Kollegen, mit denen man auch zusammenarbeiten kann, hilft vorzubeugen.

→ **Vernetzen gegen die Einsamkeit** (ab S. 168)
→ **Vor- und Nachteile von Gemeinschaftsbüros** (ab S. 146)

Ich kann das nicht: Ängste und Überforderung

Angst ist ein unangenehmes Gefühl, aber sie kann durchaus produktiv sein. Wenn sie nämlich bei ihrem Besitzer Druck auslöst, der ihn nach vorne treibt. Einfachstes Beispiel ist die morgendliche Angst, zu spät zu kommen. Sie treibt uns aus dem Bett und zur Eile, und wir schaffen den Termin. Weniger simpel: Die Angst, die uns befällt, wenn wir einen Vortrag halten sollen. Wer blamiert sich schon gerne vor versammelter Mannschaft? Die Furcht, uns eine Blöße zu geben, verleiht uns die Kraft, uns in das Thema hineinzuknien, abends auch nochmal eine Stunde lang daran zu arbeiten und auch die Vortragstechnik noch einmal richtig zu üben. Beim Vortrag selbst tut dann der Adrenalinspiegel ein Übriges – der Erfolg ist ein mitreißender, brillanter Vortrag, der die Zuhörer begeistert und uns ausgesprochen gut zu Gesicht steht.

Angst kann also antreiben. Sie ist ein Motor unseres Handelns. Die Angst schlecht zu sein, sich zu blamieren, zu versagen oder zu scheitern, ist letztlich auf die instinktive Urangst zurückzuführen, verletzt oder ausgestoßen zu werden, was in der Urzeit den Tod bedeutet hätte und auch heutzutage das Überleben zumindest erschweren würde. Ängste warnen also: Sie bewahren uns vor gefährlichen Handlungen wie z. B. aus einem Fenster zu springen; sie geben uns die Kraft zum Rekordsprint, wenn wir die Straße überqueren und merken, dass uns ein Lkw übersieht. Sie schützen uns so vor allen möglichen Katastrophen. Wer keine

Angst hat, lebt gefährlich. Grundsätzlich sind Ängste deshalb nötig, nützlich und gesund.

Angst kann aber auch zum Handicap werden. Dann fördert sie nicht mehr unser Handeln auf sinnvolle Weise, sondern sie blockiert es komplett oder treibt uns zu hektischer Aktivität, die mehr schadet, als sie nützt. Psychologen bezeichnen unproduktive Angst als pathologisch, als krank. Sie hat sich verselbstständigt, führt ein Eigenleben und bestimmt die Handlungen desjenigen, der unter ihr leidet. So eine Angst kann sich körperlich äußern: mit Herzrasen, Schweißausbrüchen, Kreislaufbeschwerden oder Rückenschmerzen – Symptome, die ein normales Leben unmöglich machen. Angst kann auch zu massiven Schlafstörungen führen, die ebenfalls die gesamte Handlungsfähigkeit beeinträchtigen. Angst kann Panikattacken auslösen: Wer unter ihnen leidet, kann vielleicht nicht mehr aus dem Haus gehen oder erträgt keine Menschenansammlungen. Wenn Angst solchermaßen blockiert, wird man nicht mehr zu Höchstleistung auflaufen und auch keinen brillanten Vortrag halten, sondern man wird am Tag, an dem man eigentlich auf dem Podium stehen sollte, zu Hause im Bett kauern und sich die Decke über den Kopf ziehen. Wenn es so weit ist, ist es oft schon zu spät, um auf die Schnelle noch etwas zu ändern. Meistens braucht man dann professionelle Unterstützung, die hilft, die Ursache für die Angst zu finden, ihre Mechanismen aufzudecken und einen rationalen Umgang mit ihnen zu erlernen.

Einzelkämpfer entwickeln unter dem Strich vermutlich nicht mehr und nicht weniger Ängste als andere Personen. Immerhin bekommen sie keinen Druck von Kollegen, in Extremfällen als Mobbing bezeichnet, werden also nicht von Kollegen belogen, isoliert, nicht informiert, ausgegrenzt, geschnitten oder hereingelegt. Auch macht ihnen kein Vorgesetzter das Leben zur Hölle, indem er ständig zu viel verlangt, immer schlecht bewertet, was man erbracht hat, keine Termine einhält oder gar mit Kündigung droht. Wer auf diese Weise schlecht behandelt wird, geht morgens mit Bauchschmerzen zur Arbeit. Weil er Angst hat.

Einzelkämpfern bleibt dieser Kollegenstress erspart: Wer keine Kollegen hat, wird auch nicht von Kollegen bedroht, wer keinen Chef hat, wird auch nicht von ihm überfordert. Andersherum erhalten Einzelkämpfer aber auch keine Unterstützung. Sie müssen alles allein durchstehen. Ihre Ängste entwickeln sie dabei im Prinzip in den gleichen Situationen wie alle anderen Menschen: Entweder, wenn sie zu wenig Geld verdienen bzw. einer drohenden Pleite entgegensehen, oder wenn sie zu viel oder zu schwierige Arbeit haben und befürchten, das Projekt nicht stemmen zu können. Beide Situationen kennen auch Teammitglieder; für Einzelkämpfer stellen sie sich aber noch einmal etwas anders dar.

Umsatzprobleme etwa wirken sich für Einzelkämpfer oft viel dramatischer aus als für Teamarbeiter. Wer das finanzielle Risiko komplett selber tragen muss, spürt eine Flaute sofort. Das beschert nicht wenigen Sorgenfalten und schlaflose Nächte, in denen man sich fragt, wovon man die Miete im nächsten Monat oder die Weihnachtsgeschenke für die Kinder bezahlen soll. Diese Sorgen sind furchtbar. Sie machen große Angst. Sie schrecken oft sogar schon ab, bevor sie überhaupt relevant werden: Viele Menschen schlagen sich lieber ein Leben lang mit einem nur halb geliebten Job und unfreundlichen Kollegen herum, als sich den finanziellen Risiken und Sorgen auszusetzen, mit denen Selbstständigkeit verbunden sein kann. In gewissem Maß mögen Existenzängste zwar produktiv sein, weil sie auch anspornen, lästige Dinge fertig zu stellen, um wieder Zeit für neue Projekte zu gewinnen. Existenzängste können aber leicht überhand nehmen – wenn die Betroffenen vor Sorge um ihre Zukunft nicht mehr richtig schlafen, wenn sie deshalb am Tag kaputt und nicht mehr richtig leistungsfähig sind, was wiederum die Angst, es nicht zu schaffen, noch ein Stück weiter wachsen lässt. Dann wird aus der ständigen Angst ein Zustand der Zermürbung, der das Arbeitsvermögen kaputt macht. Die Angst wirkt sich dann zerstörerisch aus, blockiert, und wer dann keinen anderen Ausweg sieht, wird die Selbstständigkeit wahrscheinlich aufgeben. Dabei ist nicht immer wirklich das real erzielte Einkommen zu schlecht, wenn

Selbstständige aufgeben. Es sind manchmal einfach die Nerven, die nicht mehr mitspielen, die Sorge, dass zwar jetzt alles gut läuft, aber in ein paar Monaten oder Jahren doch Probleme auftauchen könnten.

Solange die Angst vor der Pleite noch produktiv wirkt, wird sie den Einzelkämpfer vermutlich zur nächstliegenden Lösung treiben: Akquise. Neue Kunden werben, neue Aufträge an Land ziehen. Doch beißt sich gerade hier allzu oft die Katze in den Schwanz. Denn gerade, wenn man innerlich angespannt, vielleicht etwas unsicher und nervös ist, fällt es besonders schwer, auf neue Kunden zuzugehen. Akquise ist immer eine Herausforderung. Wenn es etwas gibt, das überdurchschnittlich viele Ängste auslöst, dann ist es Akquise. Es gehört eine Menge Mut und Selbstvertrauen dazu, auf andere Menschen zuzugehen, für sich zu werben oder um Arbeit zu bitten. Viele Menschen tun dies nur widerwillig und Einzelkämpfer scheitern immer wieder daran. Manche machen ewig lang die kleinen, schlecht bezahlten Arbeiten, weil sie sich scheuen, einen Auftraggeber aus einer lukrativeren Größenordnung anzusprechen. Dieses Verhalten kommt besonders oft bei Frauen vor: Wenn sie nicht glauben, eine Sache perfekt zu beherrschen, trauen sie sich auch nichts zu und probieren erst gar nicht, was alles möglich ist. Der Hang dazu, unterbezahlt zu arbeiten oder zu wenig Geld zu fordern, hat schon Heerscharen frauenbewegter Wissenschaftlerinnen beschäftigt. Aber auch Männer sind vor solch angstbesetzter Bescheidenheit nicht gefeit. Manche Einzelkämpfer suchen sich sogar ganz andere, meist schlechter qualifizierte Jobs, weil sie es nicht fertig bringen, für sich und ihre eigentliche Tätigkeit zu werben. »Der Markt für Architekten ist dicht«, analysiert etwa der Architekt Reiner, der inzwischen einen Nebenjob als Hausmeister angenommen hat. Seine Frau sieht das ein, aber sie findet auch: »Es fällt ihm schwer, für sich zu werben.« Komisch, denn es ist ihm wiederum nicht schwer gefallen, den Hausverwalter auf den Hausmeisterjob anzusprechen, und es fällt ihm auch sonst nicht schwer, auf Menschen zuzugehen. Reiner hat die Erklärung dafür selbst:

»Dieser Hausmeisterjob hat eben nichts mit mir zu tun. Bei der Architektur ist es was anderes. Da steckt viel mehr von mir als Person drin, und wenn ich da eine Ablehnung kriege, ist das einfach sehr verletzend.«

Es schmerzt eben viel mehr, wenn die Entwürfe, die man mit Herzblut geschaffen hat, abgelehnt werden. Wenn etwas abgelehnt wird, was man selbst gut findet und für das man an die Grenzen seiner Leistungsfähigkeit vorgestoßen ist. Einzelkämpfer können oftmals ihr Produkt bzw. ihre Dienstleistung nicht von ihrer eigenen Person trennen. Und je kreativer die Tätigkeit ist, desto schwerer ist das Know-how von der eigenen Person abzukoppeln. Wer einen Text langweilig findet, unterstellt zugleich dem Autor mangelnde Phantasie. Wenn eine Grafik nicht gefällt, steckt darin immer auch ein Zweifel an der Leistungsfähigkeit des Grafikers. Die Angst vor Ablehnung birgt auch letztlich die Existenzangst, nicht auf dem Markt zu bestehen. Und für Einzelkämpfer hat sie die besonders bedrohliche Komponente, dass sie mit ihrer gesamten Persönlichkeit versagen. Dass sie als Mensch, als Person zu schlecht sind. So eine umfassende, materiell und psychisch existenzielle Angst erleben auch Arbeitslose, deren Leistungen nicht mehr gefragt sind. Und auch als Angestellter kann man darunter leiden. Diese Art von Versagensangst wächst immer dann, wenn man ganz allein für etwas einstehen muss. Wenn man niemand anderen mehr verantwortlich machen kann. Wenn man als ganzer Mensch in Frage gestellt ist.

Wenn man allein arbeitet, können sich solche Ängste auf zweierlei Art auswirken: Für manche Menschen ist es zwar gut, allein zu sein, weil sie damit einen Schutzraum haben; sie bleiben so vor dem Zusammenbruch geschützt. Allerdings neigen sie dazu, sich zu unterfordern. Für andere Menschen dagegen ist das Alleinarbeiten fatal, weil sie ohne Unterstützung keinen Weg finden, mit der Angst umzugehen.

Luisa gehört zur ersten Gruppe. Für die Journalistin ist es viel leichter geworden, mit ihren Ängsten umzugehen, seit sie allein arbeitet. Früher, in einer Redaktion mit Kollegen, fühlte sie sich den Reaktionen der anderen ausgeliefert. Heute kann sie sich verkriechen, wenn es nötig ist. Und vor allem: Sie kann sich langsam, ihrem Tempo entsprechend, an Herausforderungen herantasten. »Früher habe ich bei Anforderungen, die mir eine Nummer zu groß erschienen, sofort Nein gesagt. Nein, mach ich nicht. Ich hatte einfach zu viel Angst, total zu scheitern. Dass man was von mir verlangt, was ich nicht kann. Vor allem auch, weil die Kollegen ja so viel mitgekriegt haben von der Art, wie ich arbeite. Und die ist komisch manchmal, wenn ich mich überfordert fühle. Dann ruf ich zum Beispiel bei einer heiklen Recherche eben nicht gleich da und da an, sondern surfe erstmal stundenlang durchs Internet und sammle Mut …« Heute arbeitet Luisa allein und nimmt Herausforderungen leichter an, weil sie sich nicht mehr vereinnahmt, beobachtet und kontrolliert fühlt. Ein Schutzraum, der es ihr ermöglicht, ihrem eigenen Tempo gemäß zu wachsen. Wenn schon allein, dann auch richtig. Allerdings ist Luisa nicht sicher, ob sie in einem Team nicht doch leistungsfähiger wäre: »Der Druck hat mir manchmal auch Beine gemacht, da bin ich einfach mit dem Mut der Verzweiflung an Sachen herangegangen. Und es war dann wirklich ein wahnsinnig tolles Gefühl, wenn ich es doch geschafft hatte. Ich konnte richtig über mich hinauswachsen. Das tue ich jetzt nicht mehr.« Die Frage, bis wann die Angst fördert und ab wann sie blockiert, hat Luisa noch nicht endgültig beantwortet.

Bei Brigitta löste die Angst Fluchtimpulse aus: Monatelang hat sich die Inhaberin eines Büroservices einfach nicht mehr um ihren Job gekümmert. Stattdessen trieb sie exzessiv Sport, ging jeden Tag zum Skaten, trainierte für einen Marathonlauf, war Stammgast im Fitnessstudio – ein enormer Bewegungsdrang, der vermutlich ihrer inneren Unruhe geschuldet war, weil sich beruflich nichts tat. Sie floh. Sie schaffte es einfach nicht, sich mit ihrem Problem zu befassen, und leider gab es auch niemanden, der sie dazu zwang, sich in ihr Büro zu setzen und zu akquirieren. Heute arbeitet sie in einer Bürogemeinschaft. Das hilft.

Fliehen, verdrängen, den Kopf in den Sand stecken: Wer allein arbeitet, läuft besonders große Gefahr, so auf Ängste zu reagieren.

Denn es gibt ja niemanden, der einen daran hindert. Verdrängung ist allerdings in den meisten Fällen die denkbar unproduktivste Art, mit Ängsten umzugehen. Wer Ängste über längere Zeit verdrängt, findet erstens keine Lösung. Und zweitens schlafen die Ängste nicht, sondern suchen immer wieder neue Wege nach draußen und beeinträchtigen so das körperliche und seelische Wohlergehen.

Freilich ist es nicht immer ganz leicht, eine Lösung zu finden, wenn man allein arbeitet. Einzelkämpfer schwimmen, wenn es darum geht einzuschätzen, ob sie mit einem Projekt wirklich überfordert sind oder ob der Auftraggeber einfach zu viel erwartet. Gerade in Branchen, in denen Preiskampf herrscht, ist es schwer, gegen Versagensängste anzukommen. Es findet sich angeblich ja ständig jemand, der billiger arbeitet bei gleicher Leistung – da kann man schon Selbstzweifel entwickeln. Zumal es allein schwerer fällt, sich gegen allzu hohe Ansprüche zu behaupten und zu wehren. Wer allein ist, wird leichter ersetzt; da siegt oft die Angst um die Existenz über das bessere Wissen um langfristige Strategien, und man akzeptiert doch die schlechteren Konditionen oder lässt sich einen Auftrag aufbürden, der in der vorgegebenen Zeit eigentlich nicht zu schaffen ist. Einem Einzelkämpfer lässt sich leichter vorwerfen, er sei einfach nicht gut genug. Wenn man ein ganzes Team angreift, lässt sich eine solche Argumentation schwerer durchhalten – man müsste einerseits behaupten, hier hätten sich lauter Versager zusammengeschlossen. Andererseits stärken sich Teammitglieder gegenseitig den Rücken und lassen sich nicht so leicht verunsichern. Das schützt sie nicht unbedingt gegen die Konkurrenz billigerer Anbieter, wohl aber gegen Zweifel an ihrer Kompetenz und vor allem gegen die innere Verunsicherung, nicht gut und effektiv genug zu sein. Teams treffen eine Entscheidung für oder gegen einen Preis; Einzelkämpfer müssen sich oft erst von den Zweifeln an ihrer Kompetenz befreien. Es ist einfach schwerer, sich zu behaupten, wenn einem niemand sagt, dass man gut ist.

Andererseits kommt es ja vor, dass man wirklich mal Fehler macht. Dass man tatsächlich überfordert ist. Vielleicht hat man sich eine Arbeit aufschwatzen lassen, die eine Nummer zu groß ist, oder sich selbst einfach gnadenlos überschätzt. Gerade wer Entscheidungen über Aufträge und Verhandlungen allein treffen muss, ist vor solchen Gefahren nicht gefeit. Wer im Team arbeitet, kann sich Hilfe suchen, wird entweder einen Teil der Arbeit abgeben oder sich mit einem Kollegen zusammen an die Sache setzen. Einzelkämpfer haben diese Möglichkeit nicht, und auch privat kann in solch einer Situation meist niemand helfen.

Auch wenn man eine Sache mal so richtig in den Sand gesetzt hat, ist die Situation für Einzelkämpfer besonders heikel: Erstens gibt es niemanden, der die Fehler ausbügelt. Zweitens muss man die Fehleranalyse selbst betreiben. Eine Situation, die leicht entgleisen kann, wenn es nicht gelingt, sich einzugestehen: Das und das kannst du nicht, aber dafür bist du auf dem anderen Gebiet unschlagbar. Einzelkämpfer laufen immer Gefahr, sich komplett in Frage zu stellen. Das aber kann, wenn man den Weg in die rationale Analyse nicht findet, wieder in diese lähmende und blockierende Angst führen: Ich habe es verbockt. Ich bin zu schlecht.

Sybill, 34
Webdesignerin

Mein Problem ist, dass ich irgendwie zu bescheiden bin. Vielleicht haben mich meine Eltern zu gut erzogen? Ich weiß auch nicht. Also, jedenfalls fällt es mir sehr schwer, etwas für mich selbst zu fordern. Ich hatte zum Beispiel mal einen großen Kunden, für den hab ich ein Riesenprojekt gemacht, das hat mir den größten Teil meines Jahresumsatzes beschert. Ja, und dann hat der einfach nicht bezahlt! Ich dachte erst, wie es so ist, es ist was verschlampt worden oder so, hab also ganz geduldig nachtelefoniert und abgewartet und meinen Dispokredit ausgeschöpft. Aber die haben und haben nicht bezahlt.

Und was so irre war: Anstatt da auf den Putz zu hauen, hab ich mich verkrochen! Bin im Mauseloch abgetaucht und da dann regelrecht stecken geblieben. Es ist kaum zu erklären, aber ich hab mich irgendwie als Versagerin gefühlt. Hatte das Gefühl, ich hätte was falsch gemacht. Ich hab mir wirklich eingeredet, meine Arbeit wäre zu schlecht, und wenn ich anrufe und das Geld fordere, dann machen die mich fertig.

Es klingt bestimmt idiotisch, aber ich bin irgendwie abgedreht. Dieser Stress wegen dem Geld hat mir die Nächte geraubt, denn mein Dispo war ja längst alle, ich musste schon Freunde anpumpen. Deswegen hab ich mich noch extra schlecht gefühlt. Und ich war so verunsichert, dass ich mich nicht getraut habe, nach neuen Auftraggebern Ausschau zu halten, damit erstmal wieder Geld fließt. Das fällt mir ja sowieso schwer. Es war wirklich ein Teufelskreis. Nur durch Zufall hat sich schließlich alles aufgelöst, als ich nämlich beim Einkaufen einen Beschäftigten von dieser Firma getroffen habe und der mir erzählt hat, dass die Webseiten, die ich gebaut hatte, längst schon im Intranet stehen und alle ganz begeistert sind. Irre, nicht? Dabei wär ich vor dem Mann auch schon fast davongelaufen, weil ich Angst hatte, er überschüttet mich mit Abscheu und Verachtung. Ich war wirklich total verunsichert. Na ja, nachdem ich nun Bescheid wusste, hab ich mich wieder gefangen und dann ganz massiv mein Geld gefordert, was dann zum Glück auch kam.

Ausblick **Lösungen und Perspektiven**

Wer nicht in die Angstfalle tappen will, muss unbedingt rechtzeitig Hilfe suchen. Also: Frühzeitig Kontakte knüpfen, vertrauensvolle Beziehungen aufbauen zu Menschen, die bei Problemen mindestens zuhören, vielleicht trösten, oder, am besten, helfen können.

→ **Vernetzen gegen die Einsamkeit** (ab S. 168)
→ **Keine Angst vor dummen Fragen: Kontakte zu Kollegen suchen** (ab S. 160)
→ **Vor- und Nachteile von Gemeinschaftsbüros** (ab S. 146)

Wenn es nicht Kollegen sind oder sein sollen, denen man sich anvertraut, können auch Gespräche mit Menschen aus dem privaten Umfeld helfen – Menschen, die freundschaftlich oder nachbarschaftlich Glück und Sorgen teilen.

→ **Vorhang auf: Tu Gutes und sprich darüber** (ab S. 151)

Um sich einen Schutzraum vor den beruflichen Problemen zu erhalten, kann es helfen, für die Arbeit in eine andere Rolle zu schlüpfen, als man sie im Privatleben hat.

→ **Inszenierung: In eine Rolle schlüpfen** (ab S. 135)

4.

So geht es besser: Lösungen und Perspektiven

Addiert man alle Probleme zusammen, die entstehen können, wenn man allein arbeitet, dann ergibt sich eine wirklich gruselige Perspektive: Durchhänger, Ängste, Depressionen, Einsamkeit, Pleite … Es scheint fast, als sei das Alleinarbeiten so etwas Ähnliches wie ein Kamikaze-Flug, ein Wagnis, dessen katastrophales Ende vorprogrammiert ist. Wer allein arbeitet, geht hohe Risiken ein, könnte man meinen – vielleicht sollte man es lieber bleiben lassen?

Aber nein, so schlimm ist es natürlich nicht. Probleme haben schließlich auch eine gute Seite: Sie lassen sich lösen. Meistens jedenfalls. Dass Alleinarbeiten gut funktionieren kann und dass man mit den Schwierigkeiten fertig werden kann, beweisen die Menschen, die täglich allein arbeiten, damit gut zurechtkommen und erfolgreich sind. Zehntausende Studenten schließen trotz unerfreulicher Studienbedingungen jedes Jahr ihr Studium ab. Tausende Doktoranden stellen jedes Jahr ihre Dissertation fertig. Unzählige Existenzgründer, Freiberufler oder allein arbeitende Angestellte meistern täglich mit Erfolg ihren Alltag. Und nicht nur mit Erfolg, sondern auch mit Freude und Spaß an der Arbeit und am Alleinarbeiten.

Um das Solistendasein wirklich genießen zu können, hilft es freilich nicht, die Probleme einfach wegzuschieben, kleinzureden oder ganz und gar zu ignorieren. Man sollte sie vielmehr zur Kenntnis nehmen und sich mit ihnen auseinander setzen. Die meisten Schwierigkeiten lassen sich nämlich ganz gut in den Griff bekommen. Zuweilen kann man sich sogar schon nach wenigen organisatorischen Veränderungen besser fühlen. Manchmal liegt die

Lösung nicht direkt auf der Hand, und die Suche erfordert etwas Ausdauer und Beharrlichkeit. Es gibt schließlich eine ganze Menge Möglichkeiten, sein Dasein als Einzelkämpfer zu verbessern. Sie reichen von einfachen Tricks im Arbeitsalltag über die Anmietung anderer Räumlichkeiten bis zur Vernetzung und Zusammenarbeit mit anderen Einzelkämpfern. Manchmal muss man erst verschiedene Möglichkeiten ausprobieren, um herauszufinden, was am besten zu einem passt. Aber es lohnt sich – auch wenn man noch gar nicht in der Krise steckt: Was spricht dagegen, sich das Leben leichter zu machen?

Für den Hänger zwischendurch: Motivationstricks

Was tun, wenn man keine Lust hat aufzustehen, die Steuererklärung fertig zu stellen, den Kunden anzurufen oder den langweiligen wissenschaftlichen Aufsatz durchzuarbeiten? Oft kann man einen solchen Durchhänger bereits überwinden, indem man sich einen kleinen Ruck gibt. Aber was, wenn dieser Ruck nicht gelingen will, wenn uns die Vernunft im Stich lässt und die Unlust die Oberhand behält?

Allein Arbeitende müssen sich immer selbst motivieren, und das ist eine große Herausforderung. Ihnen hilft keine Bürostruktur dabei, sich über das eine oder andere Motivationsloch hinüberzuschwingen. Einzelkämpfer brauchen für solche Fälle eine Kiste mit funktionierenden Tricks. So kann man sich auf der einen Seite motivieren, indem man sich ganz einfach an den Sinn einer Sache erinnert, auf der anderen Seite kann es helfen, sich per Belohnung selbst zu überlisten.

Wenden wir uns zuerst jenen Lösungen für Motivationsprobleme zu, die etwas mit Einsicht und Vernunft zu tun haben.

Die Sinnfrage stellen

Die Sinnfrage zu stellen bedeutet, sich Sinn und Zweck der zu erledigenden Arbeit in Erinnerung zu rufen und so die Kraft zum Weitermachen zu sammeln. Man denkt z.B. daran, dass man

Geld verdienen und deshalb den Auftrag termingerecht fertig stellen muss. Oder man ruft sich ins Gedächtnis, wie wichtig das gesamte Projekt ist und dass man es eigentlich gern betreibt. Oder dass die jetzt zu erledigende Aufgabe zwar wenig Spaß macht, aber ein Teil der Arbeit ist, die man insgesamt liebt ... Für Hanna bedeutete das zum Beispiel zu Beginn ihrer Tätigkeit als Lehrerin, sich trotz innerer Widerstände der Unterrichtsvorbereitung für eine schwierige Schulklasse zu widmen. Der Unterricht in dieser Klasse machte ihr wenig Spaß; die Bedingungen waren schlecht, die Schüler undiszipliniert. Hanna war schon am Tag vorher angespannt, hatte keine Lust, Unterlagen und Übungen zusammenzustellen. Teilweise war ihr Widerwille so groß, dass sie daran dachte, alles hinzuschmeißen. »Da war ich wirklich total blockiert. Ich konnte überhaupt nicht mehr weiterarbeiten.« In solchen Momenten half nur noch, sich klar zu machen, warum sie an dieser Schule angefangen hatte: eine neue Erfahrung, ein Einstieg in den Beruf auf Teilzeitbasis, was die Sache relativ erträglich machte, und die Perspektive auf eine feste Stelle waren ausschlaggebend. Nicht zuletzt lernte Hanna auch eine ganze Menge; nur eben nicht auf die angenehmste Art und Weise.

Den Druck rausnehmen

Inmitten der Durststrecke allerdings hat Hanna eine Weile sehr ernsthaft vorgehabt, den Job hinzuschmeißen. Weil er sie überforderte, weil sie niemals so eine schreiende Lehrerin sein wollte, wie sie jetzt manchmal war, weil sie die Energie nicht aufbrachte, sich der Herausforderung so zu widmen, wie es nötig gewesen wäre. Der Gedanke, die Sache einfach aufzugeben, hatte einen gewaltigen Effekt auf ihre Motivation: »Der Druck war raus! Es fiel mir plötzlich viel leichter, mich mit dem Unterricht auseinander zu setzen. Es machte mir überhaupt nichts mehr aus, die nächsten Unterrichtsstunden vorzubereiten, weil ich mit einer gewissen Leichtigkeit ans Werk gegangen bin. Ich habe mir einfach nicht mehr so viel Stress gemacht!« Hanna beschloss dann, das

Schuljahr zivilisiert zu Ende zu bringen, hielt sich aber innerlich die Option offen, aufzuhören.

Den Druck rausnehmen: Das gelingt vor allem denjenigen Einzelkämpfern, die mehrere Aufträge haben, die flexibel sind und nicht nur an einen festen Arbeitgeber oder Auftraggeber gebunden sind. Sie können sich besonders leicht mit der Perspektive entlasten, dass sie sich von einer stressigen oder nervenaufreibenden Arbeit ja schnell befreien können. Dass sie sich also nicht mehr mit dieser Schulklasse, diesem Kunden, diesem Auftraggeber herumärgern müssen, wenn sie nicht wollen, und dass sie nie wieder diese Art von Tätigkeit ausüben werden, die ihnen gerade so viel Verdruss bereitet. Das ist manchmal eine richtige Befreiung – natürlich nur, solange man es sich wirklich leisten kann, auf einen Auftrag zu verzichten.

Weniger Geld

Es gibt eine zweite Ebene, auf der man sich entlasten kann, um den Stress zu reduzieren und mit mehr Leichtigkeit an seine Arbeit heranzugehen: Man verlangt weniger Geld. Hörspielautor Jochen beispielsweise quält sich besonders mit Drehbuchaufträgen fürs Fernsehen. Die bringen viel Geld, aber sehr wenig Spaß, weil man als Autor in einem solchen Fall vieler Herren Diener ist, vor allem die Ideen der Macher umsetzen muss und unter enormem Zeitdruck steht. Jochen macht solche Arbeiten deshalb nur selten. Auf keinen Fall würde er ständig so arbeiten wollen. Lieber schreibt er Hörspiele, von denen er nicht einmal sicher ist, ob er sie auch wirklich verkaufen kann, verdient selbst im Erfolgsfall weniger Geld, als wenn er einen Drehbuchauftrag annähme, behält dafür aber seine Freiheiten und kann ohne den Druck arbeiten, die Erwartungen anderer hundertprozentig erfüllen zu müssen. Auch Frauke, eine freiberufliche Dozentin, nimmt gerne kleinere Schulungsaufträge an, bei denen sie den Seminarteilnehmern mehr auf Augenhöhe begegnen kann, bei denen mal der Laptop abstürzen darf und bei denen sie auch mal was Neues ausprobieren kann ohne gleich unter Druck zu geraten, wenn sich die neue Übung am Ende als doch nicht optimal erweist. Die Logik lautet: Wenn die Kunden nicht so viel bezahlen, können sie nicht so viel bestimmen. Das kann sehr entlastend sein.

Mehr Geld

Aber es liegt natürlich auf der Hand: Umgekehrt lässt sich die Motivation drastisch steigern, wenn man nämlich mehr Geld für seine Arbeit bekommt. Motivation mit Geld zu steigern ist das vermutlich am weitesten verbreitete Mittel. Geld ist zunächst einmal eine feine Sache, was den Lebensstandard betrifft. Es ist einfach schön, sich mehr leisten zu können – letztlich fördert es auch die Arbeitsmotivation, wenn man sich in einem wirklich schönen Urlaub erholen konnte oder seine Fenster nicht mehr selber putzen muss. Aber Geld bewirkt mehr: Geld bedeutet auch Anerkennung. Über das Geld drückt sich der gesellschaftliche Wert der Arbeit aus: Was sind die anderen bereit, mir zu zahlen? Wie begehrt ist meine Leistung, mein Produkt? Wer für 10 Euro pro Stunde anderen Menschen Telefonsoftware auf den Rechner spielt, bekommt ihre Dankbarkeit wohl eher in Worten ausgedrückt. Wer für 150 Euro pro Stunde Netzwerke administriert, wird sich vermutlich erfolgreicher fühlen. Gerade für Einzelkämpfer kann Geld ein wichtiges Kriterium für Anerkennung werden, da sich ihr Erfolg ja nicht in einer hohen Position innerhalb einer Unternehmenshierarchie ausdrückt.

Doch wie kommt man an mehr Geld? Nun, man muss es fordern. Sich trauen, einen guten Preis zu verlangen. Vielen Einzelkämpfern fällt das besonders schwer, weil sie höchstpersönlich und mit ihrem Können hinter dieser Forderung stehen und nun selbst und unbescheiden dem Kunden bzw. Auftraggeber erklären müssen, wieso gerade sie die richtige Person für den Auftrag sind. Für die meisten Menschen heißt das einerseits, ihre guten Manieren über Bord zu werfen, denn schließlich sind sie nicht zu Angebern erzogen worden. Andererseits macht das Wissen um mögliche Fehler unsicher, man glaubt, perfekt sein zu müssen, um sich ordentlich entlohnen lassen zu dürfen. Und man vergisst dabei viel zu leicht, dass jeder Mensch mal Fehler macht und dass die anderen auch nur mit Wasser kochen.

Hilfreich ist bei solchen Schwierigkeiten, sich mit Fachkollegen darüber auszutauschen, welche Preise und Honorare üblich sind. Im Internet finden sich manchmal Honorardatenbanken oder Preislisten, in denen User anonym ihre Erfahrungen mit Auftraggebern und die erzielten Honorare eingeben (z. B. für Medienschaffende auf www.mediafon.net, für IT-Freiberufler auf www.gulp.de). Oder man fragt auf einer Mailingliste seines Vertrauens nach, was die anderen für ein angemessenes Honorar halten. Meistens ist man überrascht, wie viel das ist. Schließlich sollte man sich gerade als Freiberufler immer wieder klar machen, wie viel teurer fest angestellte Mitarbeiter für die Auftraggeber wären. Hilfreiche Hinweise zur Preiskalkulation finden sich auch auf den Seiten von www.akademie.de, einer sehr umfassenden Website für Selbstständige.

Herausforderungen suchen

Manchmal fällt es leichter, mehr Geld zu verlangen, wenn man nicht einfach die Preise für eine bestehende Dienstleistung erhöht, sondern in die nächsthöhere Liga wechselt, sich also an größere Projekte wagt. Mehr Verantwortung, schwierigere Aufgaben: Das ist das zweite klassische Mittel, um die Motivation zu steigern. Niemand ist auf Dauer glücklich, wenn er immer das Gleiche tut. Die meisten Menschen möchten wachsen, sich weiterentwickeln. Möchten etwas Neues lernen, Grenzen überwinden. Freiberufler müssen das selbst organisieren. Es gibt keinen Personalentwickler und keine Konzernhierarchie, die ihre Wege vorzeichnet. Aber sie sind auch nicht in starren Arbeitsstrukturen gefangen, in denen sie immer auf der Stelle treten. Sondern sie können sich neuen Auftraggebern annähern, größere Projekte in Angriff nehmen, können zum Beispiel mal ein Buch illustrieren statt immer nur kleine Zeitungsartikel, können Porträts fotografieren statt immer nur Bewerbungsfotos. Was auch immer sich im Einzelfall anbietet, wichtig ist, nicht lange zu zögern und im Gleichmaß zu verharren, wenn man merkt, dass die Arbeitslust schwindet, sondern die Stagnation hinter sich zu lassen und sie anzupacken, die Herausforderung.

Glücklicherweise sind Durchhänger nicht immer mit einem so großem Widerwillen verbunden, dass man sich die Frage nach dem großen Ganzen stellen müsste. Für die kleinen, harmloseren Unlust-Attacken reichen auch kleine, harmlosere Motivationsmittel. Einige Vorschläge, die ganz spontan und direkt wirken.

Pause machen

Statt tief zu seufzen, unmotiviert und übellaunig die Unterlagen durcheinander zu bringen oder dreimal die Telefonnummer des verhassten Kunden zu wählen und jedes Mal wieder aufzulegen, bevor er den Hörer abhebt, kann man auch gleich eine Arbeitspause einlegen. Sie kann eine oder mehrere Stunden dauern, oder auch nur zehn Minuten. Wichtig ist, dass sie einen Erholungseffekt bewirkt. Eine solche Pause sollte entspannen und entkrampfen. Man kann

- kurz vor die Tür gehen,
- einen Bummel durch den Baumarkt, die Buchhandlung etc. machen,
- ein Schwätzchen am Telefon oder mit den Kollegen in der Gemeinschaftsküche halten,
- spazieren gehen,
- eine Runde joggen,
- Atemübungen machen,
- kochen oder aufräumen, wenn man im Home Office arbeitet.

Jochen, 42
Hörspielautor

Ich arbeite so gut wie nie acht Stunden am Stück, sondern wechsle den ganzen Tag zwischen Arbeit und Freizeit hin und her. Ich fange am Schreibtisch an, aber dann laufe ich oder kaufe ein, koche was. Nachmittags gehe ich in die Bibliothek und arbeite wieder ein paar Stunden. Danach esse ich zu Hause zusammen mit meiner Freundin, und am Abend setze ich mich nochmal zum Schreiben hin. Der beste Ausgleich für mich ist übrigens Sport. Die Bewegung, die entspannt mich ungeheuer, danach bin ich immer total ausgeglichen.

Wem was hilft, kann und muss jeder selbst ausprobieren. Wichtig ist, dass eine Pause eine Erholungsphase für Körper und Geist sein soll. Wenn man also nach der Pause noch etwas leisten will, darf man sie nicht mit einer anstrengenden, auslaugenden Tätigkeit verbringen. Einzelkämpfer haben den Vorteil, dass sie ihre Zeit selbst strukturieren können. Sie müssen nicht, wie die Kassiererin im Supermarkt, warten, bis eine Ablösung kommt. Sondern sie können ihre Pausen nach Bedarf und ohne zu fragen einlegen. Wichtig ist, dass man die Arbeit einmal ganz und gar liegen lässt, sie ganz weit wegschiebt und sich entspannt. Nur dann bewirkt die Pause eine Erholung, eine Erfrischung für den Kopf.

Fällt das Pausieren trotz aller Einsicht schwer, dann kann das an der speziellen Situation allein arbeitender Menschen liegen. Weil niemand da ist, der sie zwingt, nach einer Pause die Arbeit wieder aufzunehmen, müssen sie sich nach der erholsamen Entspannung selbst wieder aufraffen, sich neu motivieren, um wieder in die Arbeit zurückzufinden. Das kann ein richtiger Kraftakt sein. Aus Furcht, ihn nicht zu schaffen, bleibt manche Pause aus, was natürlich kontraproduktiv ist.

Mit zwei Tricks kann man sich den Wiedereinstieg nach der Pause erleichtern: Erstens kann man die Pausen möglichst kurz halten. Also nicht aufs Sofa umziehen, sondern die Tasse Kaffee im Stehen am offenen Fenster trinken. Oder nur mal kurz aufstehen, ein paar Streckübungen machen. Oder ein paar Minuten im Internet surfen. Zweitens: Den Wiedereinstieg nach der Pause gut vorbereiten. Also alles, was zu der gerade fertig gestellten Arbeit gehört, weglegen, den Arbeitsplatz aufräumen und vielleicht schon mal die Sachen zusammensuchen, mit denen man nach der Pause weiterarbeiten will. Dann fällt der Einstieg leichter, als wenn man nach der Pause erstmal mit einem Chaos kämpfen muss.

Aufräumen

Zugegeben, das hören die meisten nicht gern, aber: Aufräumen kann die Motivation erheblich beflügeln. Andersherum wird es deutlicher: Ein unaufgeräumter Schreibtisch oder ein Auto, in dem Ordner, Sportutensilien und Wasserflaschen durcheinander fliegen, können die Lust zum Arbeiten wirklich vernichten. Und leider sind Einzelkämpfer besonders gefährdet, im Chaos zu versinken, denn es ist ja meist niemand da, der in ihrem Büro auftauchen und befremdet die Augenbrauen hochziehen könnte ob der Schlamperei. Es gibt auch keine Kollegen, die etwas finden können müssen. Völlig enthemmt und niemandem Rechenschaft schuldig, kann man sein Zeug nach Lust und Laune herumliegen lassen.

Wie viel man aufräumt, und nach welchem System, ist dabei ziemlich egal. Hauptsache, man läuft nicht davon, sondern packt es an. Manche Menschen haben ausgefeilte Ablagesysteme mit Fächern für Eingang, Ausgang, kurzfristig und langfristig zu erledigende Angelegenheiten, mit Wiedervorlage und Archiv-Vorsortierung. Andere haben ein kryptisches Häufchensystem, das außer ihnen niemand versteht, weil es allein auf ihrem Gedächtnis beruht – der Artikel über die Steuersenkung war im dritten Stapel neben der Tür … Nun, wer allein arbeitet, kann natürlich sein System selbst entwickeln. Wichtig ist, dass die Stapel nicht wuchern. Dass sie nicht die Arbeitsfläche zudecken. Auch, wer auf kleiner Fläche arbeitet, braucht freie Fläche. Das gilt selbst, wenn man kaum noch Papier benutzt und nur am Computer arbeitet: Irgendwann muss man die verworfenen Webseiten-Entwürfe mal löschen, sonst verliert man den Überblick.

Belohnen

Das Schema kennen wir aus der Kinderzeit: »Wenn du in der Klassenarbeit eine Zwei hast, kriegst du fünf Mark.« Pädagogisch betrachtet eine zweifelhafte Maßnahme; der Effekt stellte sich trotzdem meist ein, was die Note betraf. Geld als Belohnung zieht auch später noch. Wer würde schon im gleichen Maße arbeiten, wenn es nicht auch um Geld ginge? Nun bekommen wir natürlich nicht sofort Geld vom Auftraggeber, wenn wir unsere kleine Unlust überwunden haben und die grässliche Abrechnung fertig machen. Aber wir wissen ja, dass wir irgendwann in der nächsten Zeit das Honorar für die erbrachte Leistung erhalten. Wenn wir uns also versprechen, dass wir gleich was Schönes kaufen gehen können, wenn wir die Abrechnung fertig haben, wird das möglicherweise die schnellsterstellte Abrechnung aller Zeiten.

Wer allein arbeitet und für seine Überwindung von niemandem gelobt oder bewundert wird, muss sich selbst belohnen. Also: Tun wir uns was Gutes, nachdem wir was Anstrengendes durchgestanden haben. Was das Gute ist, bleibt der Phantasie jedes Einzelnen überlassen. Es kann ein Einkaufsbummel sein. Aber auch ein schöner Spaziergang, Kino, Theater. Oder Surfen im Internet, Musikhören, ein Mittagsschlaf oder ein Ausflug ins Café. Es kann auch einfach ein schönes Mittagessen sein. Oder ein Schwätzchen zwischendurch mit einer Freundin, der man bei der Gelegenheit auch gleich erzählen kann, was man grade eben noch trotz Widerwillen geschafft hat.

Luisa, 38
Journalistin

Wenn mir die Luft ausgeht, dann male ich mir aus, was ich Nettes mache, wenn ich meinen Text oder meine Recherche oder was ich sonst zu tun habe, fertig habe. Das hilft mir sehr! Ich träume einfach ein bisschen von schönen Dingen, und irgendwie tröste ich mich dadurch auch, weil ich mir sage, dass das, womit ich mich hier grade am Schreibtisch quäle, nicht alles im Leben ist, sondern dass auch wieder schönere Dinge auf mich warten. Der Witz an der Sache ist, dass das Ausdenken schon ausreicht; wenn ich dann tatsächlich fertig bin, brauche ich diese »Belohnung« gar nicht mehr. Mir reicht schon das Wissen darum, dass ich was Schönes tun könnte, wenn ich wollte.

Abhaken

Eine hervorhebenswerte Form der Belohnung ist das Sichtbarmachen der geleisteten Arbeit. Einzelkämpfer profitieren davon besonders, weil es niemanden gibt, der all ihre Schritte würdigt. Am besten und einfachsten geht das Sichtbarmachen mittels einer Liste, auf der alle zu erledigenden Arbeiten notiert werden. Was fertig ist, wird am Ende abgehakt. Oder mit einem besonders schönen Stift besonders dick durchgestrichen. Ratsam ist, die Arbeiten möglichst kleinteilig aufzulisten. Also nicht: »auf Ausschreibung bewerben« notieren. Sondern die einzelnen Schritte, also: »Foto auswählen«, »Profil überarbeiten«, »Formular ausdrucken« usw. Dann sieht erstens die zu erledigende Aufgabe nicht so riesig und unüberwindlich aus, und zweitens kann man immer wieder etwas abhaken – ein gutes Gefühl, und eine Liste mit vielen Häkchen ist am Ende eines Tages oder einer Woche ein wirklich schöner Anblick. Es soll sogar Menschen geben, die diese Liste erst am Ende des Tages erstellen und dann genüsslich Punkt für Punkt abhaken – weil es eben so glücklich macht, zu sehen, wie viel man geleistet hat.

Nochmal: Druck rausnehmen, loslassen

Was im großen Sinnzusammenhang helfen kann, sich von dem beklemmenden und lähmenden Druck der Unausweichlichkeit zu befreien, hilft auch bei kleinen Problemen. Und zwar, indem wir die richtige Frage zur richtigen Zeit stellen: Müssen wir denn die Abrechnung wirklich noch heute machen? Extremer formuliert: Müssen wir heute überhaupt noch arbeiten? Es ist die unvergleichliche Freiheit des Einzelkämpfers, dass er diese Frage mit Nein beantworten und einfach mal schwänzen kann. Den Vormittag im Reitstall verbringen, am Nachmittag eine Motorradtour machen. Ähnlich wie eine gelungene Pause entspannt, kann so ein geschwänzter Tag ungemein zur Erholung beitragen – wenn er die Ausnahme bleibt und nicht dazu führt, dass Zeitpläne so weit durcheinander geraten, dass man schließlich Nachtschichten einlegen muss und Termine nicht einhalten kann.

Inspirieren lassen

Gerade wer kreativ arbeitet, braucht manchmal extrem lange Anläufe, um den Schaffensprozess in Gang zu setzen. Unlust und Anfangsschwierigkeiten wirken sich auf kreative Prozesse besonders fatal aus. Ob Text, Grafik oder Design – es bringt wenig, ewig lang am PC zu hocken und den weißen Bildschirm anzustarren. Oder das berüchtigte weiße Blatt Papier. Manchen Kreativen hilft es dann eher, die Arbeit zu unterbrechen und nach Inspiration zu suchen. Autoren blättern vielleicht in Zeitschriften oder Büchern, die so ähnlich sind wie das, was sie vorhaben zu schreiben – bis die Lust kommt, selbst loszulegen. Ein Webdesigner wird erstmal surfend erkunden, was die anderen machen, ein Fotograf die Bilder anschauen, die andernorts entstanden sind, so lange, bis sie auf den Geschmack kommen. Inspirierend kann aber auch ein Gespräch mit Freunden oder Kollegen sein oder ein ganz privates Brainstorming. So etwas kann man übrigens räumlich und zeitlich ganz unkompliziert und spontan auch in einem Internetforum oder in einer Mailingliste veranstalten. Der Appetit kommt beim Essen – diese Volksweisheit trifft auch aufs Arbeiten zu. Wichtig ist nur, sich nicht in sein Thema zu verbeißen, sondern sich einzugestehen, dass eine Blockade vorliegt, und etwas dagegen zu unternehmen, statt mit Gewalt kreativ sein zu wollen.

Schlafen

Manchmal hat man keine Lust und keine Energie und ist reizbar, obwohl eigentlich alles in Ordnung ist, obwohl der Job stimmt und das Geld auch. Das kann am Schlafmangel liegen. Die Gründe dafür sind vielfältig: Manche Einzelkämpfer sind Eltern und arbeiten selbstständig, um den Nachmittag ihren Kindern widmen zu können. Die Folge: Sie arbeiten abends noch, gehen zu spät ins Bett und müssen trotzdem früh wieder aufstehen. Andere Einzelkämpfer leben abends ihr Bedürfnis nach Geselligkeit aus, verbringen viel Zeit in Kneipen, mit Freunden oder Lebensgefährten und finden erst spät ein Ende. Auch Schlafstörungen können zu Erschöpfung führen.

Da in solchen Fällen der gängige Rat: »Geh doch früher schlafen« nur selten weiterhilft, sollte man sich auf die Vorzüge des Alleinarbeitens besinnen: Wie wäre es mit einem Mittagsschlaf? Viele Büroangestellte träumen doch angeblich davon. Nun, wer allein arbeitet, kann sich diese Freiheit nehmen. Eine halbe Stunde – lieber nicht zu lang, raten Schlafexperten, sonst kommt man hinterher nicht wieder richtig auf die Beine. Wem der Mittagsschlaf nicht liegt oder nicht passt, der kann es auch mit Schlaftagen versuchen. Ein- oder zweimal pro Woche kürzer arbeiten, am Abend besonders früh ins Bett gehen und richtig lange schlafen kann Wunder für den Energiehaushalt bewirken.

Struktur gegen Disziplinprobleme und Chaos – richtig, realistisch und gut planen

Wer häufig über Chaos und Zeitprobleme klagt, muss besser planen, das liegt auf der Hand. Pläne helfen einerseits, nichts Wichtiges zu vergessen. Andererseits können sie einen möglichst effizienten Arbeitseinsatz gewährleisten, da man nun Dinge nicht nach Lust und Laune tut, sondern in einer logischen und sinnvollen Reihenfolge. Je komplexer eine Tätigkeit ist, desto wichtiger werden Pläne, schon allein, um den Überblick zu behalten. Dann allerdings zeigt sich auch: Planen allein reicht nicht, sondern die Pläne müssen auch eingehalten werden. Und damit das klappt, müssen die Pläne wiederum realistisch sein, sonst ist das Chaos vorprogrammiert.

Für Einzelkämpfer ist Planung besonders wichtig, denn sie ersetzt Chefs, Teams und vorgegebene Arbeitsabläufe, die andernorts sagen, was zu tun ist. Wer allein arbeitet, benötigt Halt, eine Arbeitsstruktur. Ein durchdachter Plan erübrigt es, ständig überlegen zu müssen, was man nun als Nächstes tut, wozu man Lust hat und was die ganze Sache überhaupt bringt. Der Plan kann wie ein guter Freund sein, der einen einfach an die Hand nimmt und sagt: »Komm, jetzt tu mal dies oder jenes.« Er schützt auch davor, sich allzu oft die Frage nach dem großen Ganzen zu stellen, die manchmal richtig und wichtig ist, manchmal aber auch nur beängstigend und belastend.

Verschaffen wir uns erstmal einen Überblick: Was kann man überhaupt planen?

Minuten

Klingt albern, denn man wird doch wohl noch im Kopf behalten können, was in den nächsten zehn Minuten zu tun ist? Aber manchmal lohnt es sich doch, auch kleinste Zeitspannen durchzuplanen. Das betrifft zum Beispiel Gespräche. Wie ärgerlich ist es doch, wenn man nach zehn Minuten glaubt, alles angesprochen zu haben, den Hörer auflegt und sich anschließend die Haare rauft oder nochmal anrufen und sich und dem Gesprächspartner weitere wertvolle Zeit rauben muss, weil einem nun doch noch ganz wichtige Aspekte einfallen. Zu planende Gespräche können Interviews sein oder Kundengespräche. Oftmals reichen grobe Stichpunkte, eine Art Gesprächsleitfaden, der beinhaltet, was man unbedingt ansprechen und erfahren will. Bei zeitlich sehr begrenzten Gesprächen – wenn der Gesprächspartner wenig Zeit hat – lohnt es sich, auch ein kleines Zeitraster dazu zu entwerfen und das Gespräch zum Beispiel in *Warming Up* (am Anfang) und Konfrontations-Phasen (am Schluss) zu unterteilen und beim Gespräch die Uhr in Sichtweite zu legen.

Es lassen sich auch kleine, schnelle Tätigkeiten planen: Eine Liste, welche Punkte man für welche Aufgabe vergibt, strukturiert zum Beispiel auch das Korrigieren von Klausuren und erspart lästiges Nach- und Umrechnen, wenn man erst am Schluss feststellt, was man alles übersehen hat.

Stunden

Sie sind die häufigste Frequenz in Terminkalendern. Wer Kundentermine oder viele kleinere Tätigkeiten zu erledigen hat, ist gut damit beraten, eine grobe Einteilung zu machen, in welcher Stunde was zu erledigen ist.

Tage

Tage können lang und anstrengend sein, und deshalb ist es gut, sich zu überlegen, wie man sie verbringen will. Einen Tag zu planen, heißt sich zu überlegen, was man schaffen will, was man schaffen kann und vor allem: Welche Tätigkeit am besten zu welcher Uhrzeit passt. Im Tagesrhythmus nämlich bewegt sich der Biorhythmus des Menschen, und das heißt: Es gibt Tageszeiten, zu denen man leistungsfähiger und energiegeladener ist, und Tageszeiten, zu denen man müde und lustlos ist. Den größten Knick haben die meisten Menschen nach der Mittagszeit. Es lohnt sich, das zu berücksichtigen und entweder eine ausreichende Pause einzuplanen oder wenigstens eine angenehme Tätigkeit auszuüben oder eine, die leicht von der Hand geht. Darüber hinaus kann man schwierige Tätigkeiten auf Tageszeiten legen, zu denen man besonders leistungsfähig ist – manche Menschen sind das frühmorgens, andere können vor allem abends kreativ sein. Das muss und sollte jeder für sich selbst herausfinden.

Man kann sich auch dagegen entscheiden, einen Tag komplett zu verplanen. Viele Menschen fahren gut mit einfachen Auflistungen, auf denen steht, was am jeweiligen Tag zu tun ist. Diese Liste arbeiten sie dann in beliebiger, spontaner Reihenfolge ab. So kann man ohne großes Umplanen auf Leistungsabfälle reagieren und gleichzeitig auch lockerer mit Störungen umgehen. Vorausgesetzt, der Tag gerät nicht völlig aus dem Ruder und am Abend ist wenigstens ungefähr das geschafft, was man sich vorgenommen hatte.

Wochen

Wer eine Woche plant, kann nicht voraussehen, an welchen Tagen er mehr oder weniger ausgeschlafen ist. Sofern die Woche nicht ohnehin stark durch Termine strukturiert werden muss, ist es sinnvoll, ein grobes Schema zu machen, was man ungefähr in dieser Woche schaffen will. Den Biorhythmus muss man dabei nicht berücksichtigen, wohl aber sollte man darauf achten, welche Tage besonders anstrengend werden könnten. Wer an dem einen Tag abends einen schwierigen Vortrag vor einem komplizierten Publikum halten muss, wird am nächsten Tag morgens nicht so leistungsfähig sein wie an den anderen Tagen. Wer mittwochs einen Auftrag beendet, wird am Donnerstag vielleicht in sich zusammenfallen. So etwas ist absehbar und passt in einen Wochenplan gut hinein – sofern man einen anfertigt. Denn für die Planung einer Woche gilt ebenso wie für die Planung eines Tages: Man kann auch eine Liste erstellen, auf der alles vermerkt ist, was in dieser Woche zu tun ist, und dann laufend und spontan entscheiden, was man wann tut.

Monate, Jahre

Wie weit man Monate und Jahre plant, hängt vor allem von den Aufträgen und Projekten ab, mit denen man es zu tun hat. Eine Dissertation ist ein auf Jahre angelegtes Projekt und braucht eine solche Grobplanung. Aufträge, die über Wochen und Monate laufen, auch. Es gilt, die Auslastung abzuschätzen, um entscheiden zu können, ob man noch etwas hinzunehmen kann oder nicht. Darüber hinaus kann man aber bei diesen Zeiträumen auch versuchen, äußere Bedingungen mit einzuplanen. Also beispielsweise für den Sommer nicht so viel akquirieren, weil man da etwas weniger arbeiten und lieber mehr rausgehen möchte. Oder man legt die Fortbildung eben nicht in die Vorweihnachtszeit, weil man da erfahrungsgemäß immer sehr viel zu tun hat. Schließlich muss und kann man, übers Jahr gesehen, auch Urlaub einplanen. Solche Pläne sind natürlich sehr störanfällig. Trotzdem sollte man ruhig eine grobe Peilung vornehmen; spätestens, wenn man im Sommer am Badesee sitzt und vor Weihnachten weniger Zeitnot hat, wird man es sich danken.

Welche Zeiträume auch immer man plant: Wer nicht nur eine Aufgabenliste schreiben, sondern seine Zeitplanung mit mehr Akribie betreiben möchte, findet in jeder einigermaßen gut sortierten Buchhandlung Ratgeberliteratur und auch Software, mit deren Hilfe man ausgetüftelte Pläne erstellen kann. Da gibt es stundenplanähnliche Formulare, mit denen Monate, Wochen, Tage, Stunden und Minuten durchgeplant werden. Zugleich kann man eintragen, wie wichtig eine Tätigkeit ist und ob man sich dabei stören lassen kann oder will. Man kann dann während des jeweiligen Tages auch gleich noch in einer weiteren Spalte protokollieren, wie er gelaufen ist: Wurde ich gestört? Wenn ja, warum? War das wirklich wichtig? Und wie habe ich daraufhin den Plan verändert?

Sich dem Zeitmanagement mit solcher Akribie zu widmen kann sich gerade auch dann lohnen, wenn man eigentlich gar nicht der akribische Typ ist, aber – vielleicht gerade deswegen – ständig in Zeitnöte gerät. Für Einzelkämpfer ist eine solche Planung oder Protokollierung ihrer Zeit auch ein Mittel, um mit sich selbst zu kommunizieren, was warum besser oder schlechter klappt. Sie laufen immer große Gefahr, sich selbst zu belügen. Sich einzureden, der riesige Auftrag sei machbar und man könne jetzt auch noch die kleine Schulung nebenbei durchführen. »Irgendwie geht das schon«, lautet die eine Variante dieser Selbstlüge. »Ich muss das einfach schaffen« die andere. Beides führt häufig dazu, dass man im totalen Stress landet, weil man es eben doch nicht schafft und es eben doch nicht irgendwie gegangen ist.

Wer dieses Chaos satt hat, sollte unbedingt von weiteren Planungen Abstand nehmen und erstmal eine ehrliche und möglichst genaue Bestandsaufnahme seiner Zeit machen. Ziel ist die ehrliche Antwort auf die Frage: Wie verbringe ich meine Tage eigentlich wirklich? Denn: Nur weil man den Tag am PC gesessen hat, hat man nicht auch die ganze Zeit gearbeitet, oder? Ein Zeitprotokoll fördert manchmal erschütternde Wahrheiten zutage:

- 9.00–10.00 Uhr telefoniert (und zwar privat)
- 10.00–10.20 Uhr Kaffee gekocht (so lange?)
- 10.20–11.00 Uhr E-Mails gelesen und beantwortet (aber nicht alle geschäftlich)
- 11.00–11.30 Uhr Rechnungen geschrieben
- 11.30–12.00 Uhr staubgesaugt
- 12.00–12.30 Uhr eingekauft

… und so weiter. Ein typisches Beispiel für einen Tag, an dessen Ende man nicht das geschafft hat, was man sich am Anfang erhofft hatte. Des Rätsels Lösung sind die Kleinigkeiten zwischendurch, Haushaltsarbeiten, die man meinte, nebenbei erledigt zu haben, die in Wirklichkeit aber doch einen beträchtlichen Teil der Zeit gefressen haben. Im Zeitprotokoll kann man sich nicht länger etwas von »zwischendurch« und »nebenbei« einreden; hier wird schonungslos sichtbar, was man tatsächlich gemacht hat.

Beim Zeitprotokoll geht es aber nicht darum, sich am Ende Vorwürfe zu machen. Ziel ist vielmehr, sich besser kennen zu lernen und herauszufinden, welche Tätigkeiten tatsächlich wie viel Zeit in Anspruch nehmen. Und es geht auch darum, zu akzeptieren, dass manche Dinge mehr Zeit brauchen, als einem eigentlich lieb ist. Das hilft einerseits dabei, Stundensätze besser zu kalkulieren: Aufräumen und archivieren, Rechnungen schreiben, Rechnungen bezahlen, Buchhaltung, Korrespondenz mit dem Finanzamt, Einkäufe neuer Software – all das muss mit erwirtschaftet werden und gehört deshalb in diese Kalkulation unbedingt hinein, zumal sich bei einer Zeitprotokollierung meistens herausstellt, dass diese Tätigkeiten viel mehr Zeit verschlingen, als man ohne Zeiterfassung jemals angenommen hätte.

Zu wissen, was wie viel Zeit kostet, hilft andererseits auch, die Zeit besser abzuschätzen. Wer so eine ehrliche Zeiterfassung mal betrieben hat, wird hinterher seine Wochen anders planen und den Nebentätigkeiten wie Aufräumen oder Buchhaltung mehr Zeit einräumen. Man wird sich vielleicht nicht mehr so mit Aufträgen eindecken, sondern auch mal Projekte verschieben oder einfach eine Zeit lang die Akquise einstellen.

Schließlich ist ein Zeitprotokoll gerade für Einzelkämpfer auch wichtig, um sich mit sich selbst auseinander zu setzen und gegebenenfalls grundsätzliche Probleme zu lösen. Und zwar gerade dann, wenn es diese heiklen Abschweifungen zutage fördert, wenn es dokumentiert, wie viel Zeit man mit arbeitsfremden Tätigkeiten verbringt und wie wenig man eigentlich tatsächlich arbeitet. Dafür schämen sich manche Einzelkämpfer heimlich vor den fest angestellten Freunden, die täglich ihre acht oder mehr Stunden im Büro schuften, und vor sich selbst schämen sie sich auch.

Aber warum eigentlich?

Was ist eigentlich so schlimm daran, wenn man nur zwei Stunden am Tag arbeitet?

Verdienen wir wirklich zu wenig Geld? Wie oft und weswegen geraten wir wirklich in Zeitnot? Arbeiten wir tatsächlich dauernd abends und am Wochenende, weil wir uns in der Woche verzetteln? Und: Ist das überhaupt ein Problem?

Es kann dann durchaus passieren, dass wir die meisten dieser Fragen mit »Nein« beantworten: Nein, wir verdienen nicht zu wenig Geld (o.k., man könnte natürlich immer mehr gebrauchen). Nein, wir arbeiten nicht immer abends oder am Wochenende. Oder: Wir arbeiten zwar oft abends, aber das ist eigentlich überhaupt nicht schlimm!

Es lassen sich grundsätzlich zwei Schlussfolgerungen aus solchen Selbsterkenntnissen ziehen: Entweder man ist wirklich unzufrieden und möchte sich künftig anders verhalten. Oder man akzeptiert sich so, wie man ist, und passt seine Arbeitszeiten seinen Bedürfnissen an. Letzteres bringt die Augen vieler Freiberufler zum Leuchten: selbst gesetzte Arbeitszeiten. Die Tage so zu stricken, wie sie einem am besten passen. Also abends zu arbeiten und nachmittags rauszugehen. Oder morgens immer lange zu schlafen, im Café zu frühstücken und erst mittags mit der Arbeit zu beginnen. Und zwar ehrlich, eingestandenermaßen und offiziell! Also sind bitte von Morgenmuffeln von vornherein keine

Tagespläne mehr zu verfassen, an denen Schreibtischzeit am Vormittag vorgesehen ist. Auch Termine um 9 Uhr sind damit tabu. Dafür trifft man sich aber auch nicht mehr zum After-Work-Bier mit angestellten Freunden, weil man nämlich zu der Zeit seine besten Arbeitsphasen hat.

Gut planen heißt realistisch planen, und das geht nur, wenn man sich gut kennt. Wer erkannt hat, dass ihm nach Abschluss eines größeren Projekts die Luft ausgeht, sollte sich gleich von vornherein ein paar Tage frei nehmen. Wer morgens eher verträumt durch die Gegend wandelt, legt seine Kernarbeitszeit eben auf die zweite Tageshälfte. Wer kreativ tätig ist, muss ohnehin damit leben, dass er nicht acht Stunden und regelmäßig von Einfallsreichtum durchdrungen ist; wie auch immer man plant – ob akribisch nach Minuten und Stunden, nach Prioritäten und mit Wiedervorlage, mit Kalender und Software oder eher tage- oder sogar wochenweise mit schlichten Aufgabenlisten – wichtig ist vor allem, realistisch zu sein und das Wissen um die eigenen Schwächen und Eigenheiten nicht länger zu ignorieren, sondern konstruktiv damit umzugehen. Also sollte man beim Planen:

- Arbeitszeiten den eigenen Neigungen entsprechend setzen
- sich kurze, aber dafür intensive Arbeitszeiten gestatten
- sich nicht zu viel vornehmen
- Durchhänger und Anlaufphasen einkalkulieren und konsequenter damit umgehen: Also nicht länger sinnlos am Schreibtisch kauern, wenn man nicht mehr richtig vorwärts kommt, sondern lieber eine Auszeit nehmen, sich erholen und dann mit frischer Kraft einen neuen Anlauf nehmen
- Pausen bzw. Urlaub miteinplanen
- Abwechslung einplanen: Lieber nicht den ganzen Tag oder die ganze Woche schöpferisch tätig sein, sondern zwischendurch auch mal etwas ganz Stupides tun – Unterlagen abheften, abspeichern, eine Software updaten, den Virenscan laufen lassen

Bernd, 51
Architekt

Wenn ich eine Auftragsflaute habe, baue ich auch schon mal während der Arbeitszeit ein Puppentheater für meine Kinder, ohne mir deshalb einen Kopf zu machen. Dafür arbeite ich zu anderen Zeiten wieder mehr, also auch abends, schlimmstenfalls am Wochenende. Ich finde, man muss sich nicht unnötig unter Druck setzen. Jedenfalls habe ich kein schlechtes Gewissen, wenn ich mal was anderes mache als arbeiten. Für mich sind Arbeit und Leben in gewisser Weise identisch, deshalb habe ich auch dann das Gefühl, was geschafft zu haben, wenn es »nur« so ein Puppentheater ist. Aber natürlich funktioniert diese entspannte Betrachtung nur, solange ich noch genug Geld habe. Wenn die Kasse leer wäre, dann hätte ich wohl nicht mehr die Ruhe, hier herumzubasteln.

Niemals, wirklich niemals sollte man seine Arbeitszeiten mit denen von Menschen vergleichen, die in Teams kontrolliert von Vorgesetzten und Kollegen arbeiten! Diese Menschen arbeiten vielleicht wirklich manchmal mehr – aber dafür benutzen sie eine Struktur, die ihnen die Entscheidung für oder gegen den Fleiß abnimmt. Rechnet man also ihren Output durch, müsste man eigentlich auch berücksichtigen, was ihre Kollegen, ihre Vorgesetzten und die ganze Unternehmensstruktur noch dazu beitragen, dass sie so produktiv sind. (Mal abgesehen davon, dass die Ergebnisse nicht immer wirklich besser sind.) Wer sich selber strukturiert, hat eben auch dafür Zeit und Energie aufzuwenden. Das muss eingeplant werden. Und wenn es das private Telefonat mit der arbeitslosen Freundin mitten am Vormittag ist: Das ist o.k.! Wer den ganzen Tag allein ist, braucht eben manchmal etwas Anteilnahme. Im Büro geht man dafür mittags mit den Kollegen in die Kantine oder man steckt mal den Kopf ins Nachbarbüro und fragt, wie es geht.

Setzt man sich über solche Bedürfnisse hinweg und versucht, sich zu einem bestimmten Arbeitstakt zu zwingen, so kann das zwar verhindern, dass man diese entsetzlich stressigen Zeiten durchstehen muss, die nach übermäßigem Trödeln in den Endphasen von Projekten an der Tagesordnung sind. Und insofern ist es gut, sich ein bisschen besser und rechtzeitiger zu verplanen. Doch der Plan muss ja auch funktionieren. Man muss ihn durchhalten können. Ein Plan kann noch so durchdacht sein: Wenn man es nicht schafft, sich an ihn zu halten, ist er das Papier nicht wert, auf dem er steht.

Frauke, 40
Dozentin

Ich habe festgestellt, dass ich nicht immer gleich leistungsfähig bin. Das plane ich nun nach Möglichkeit von vornherein mit ein. Also lege ich keine Termine auf den Vormittag, wenn ich am Abend vorher zu einer exzessiven Party eingeladen bin. Außerdem versuche ich, auf meine monatlichen Hormonschwankungen Rücksicht zu nehmen und zum Beispiel stressige Seminare eher in der ersten Monatshälfte abzuhalten. Da fällt es mir viel leichter, auf Menschen zuzugehen, und ich bin außerdem viel geduldiger.

Inszenierung: In eine Rolle schlüpfen

Wie vertrauenerweckend ist ein Versicherungsmakler, der in Plastikschlappen und Bademantel die Tür öffnet? Kein Mensch würde sich von ihm beraten lassen, geschweige denn eine Versicherung bei ihm abschließen. Deshalb würde wohl auch kein Versicherungsmakler in diesem intimen Aufzug seinen Kunden entgegentreten.

Sich selbst gegenüber sind die meisten Menschen allerdings weniger gehemmt. Ist ja klar, man kennt und erlebt sich ja ohnehin in sämtlichen Lebenslagen. Sinnlos, sich morgens vor sich selbst zu schämen, nur weil man nicht wie aus dem Ei gepellt, sondern verquollen und zerknittert aus dem Bett gekrochen ist. Im Gegenteil. So zu sein, wie man ist, ohne die eigenen Unzulänglichkeiten zu verbergen und irgendetwas darstellen zu müssen, gehört für viele Menschen zur Lebensqualität dazu. Gerade, wer sich für die Arbeit sehr konventionell anziehen muss, nimmt sich gerne mal die Freiheit, zu Hause ganz schlampig herumzulaufen. Welcher Mann reißt sich nicht beim Betreten der häuslichen Wohnung zuerst die Krawatte vom Hals, welche Frau schleudert nicht seufzend ihre Stöckelschuhe von sich?

Für Einzelkämpfer, sofern sie zu Hause auch arbeiten, ist diese Freiheit noch größer: Sie können sich auch im Morgenrock und ungeduscht an den Schreibtisch setzen. »Manche Kunden rufen schon vor neun Uhr bei mir an. Da bin ich oft noch nicht angezogen«, berichtet die Multimedia-Autorin Franka. Und kichert:

»Ich führe dann ungekämmt hoch professionelle Gespräche über überaus wichtige Angelegenheiten und trage dabei nichts weiter als meinen uralten Bademantel.« Solche Geschichten – oder wie der Vorstandsvorsitzende des großen Konzerns einen mal höchstpersönlich angerufen hat und man da grade aus der Dusche kam und die ganze gerade fertig gestellte Steuererklärung nass getropft hat – gehören in den Anekdotenschatz vieler Einzelkämpfer.

Das Lachen allerdings bleibt im Halse stecken, wenn sich die überaus lässige Haltung der bequemen, ausgeleierten Schlabberhose auf die innere Haltung überträgt. Will sagen: Manchen Einzelkämpfer hindern die Freizeitklamotten an seinem Schreibtisch daran, eine ernsthafte und professionelle Beziehung zu seiner Arbeit aufzubauen. Auch das Kinderspielzeug zu seinen Füßen trägt nicht zur Annäherung an den vor ihm liegenden Berufstag bei, ebenso wenig wie der Wäscheständer neben dem Schreibtisch oder die Fußballschuhe im Auto: Was manche Selbstständige richtig genießen, nämlich das Verschmelzen von Privat- und Berufssphäre, die Einbettung des professionellen Handelns in die private Umgebung, kann für andere fatal sein. Für jene nämlich, die eine deutliche Trennung brauchen, die sich herauslösen müssen aus der häuslichen, privaten Rolle. Und die am Feierabend die Stapel auf ihrem Schreibtisch nicht mehr sehen möchten.

Wenn man sich besser fühlt, indem man zwischen Privat- und Berufsleben trennt, dann sollte man auch als allein arbeitender Mensch die Privatsphäre verlassen, wenn man an seine Arbeit geht. Gefragt ist also – eine Inszenierung! Die Inszenierung von Professionalität.

Dazu gehören ein passendes Bühnenbild, die richtigen Kostüme, ein der Rolle angemessener Habitus und die wirkungsvolle Präsentation der Aufführung.

Ein passendes Bühnenbild

Wer im Home Office arbeitet, richtet sich am allerbesten einen ganz eigenen Raum ein, sachlich und dem Beruf angemessen. Wenn das aus Geld- und Platzgründen partout nicht geht, sollte der Arbeitsbereich wenigstens gut vom restlichen Wohnbereich abgetrennt werden. Zum Beispiel müssen Regale nicht immer an der Wand stehen, sondern können auch mal als Raumteiler dienen. Die Legosteine und Puppen unter dem Schreibtisch müssen sich ein neues Domizil suchen, ebenso die Fernsehzeitschrift, die immer wieder auf dem Schreibtisch landet. Und wenn die Wäsche schon im gleichen Raum trocknet, dann bitte wenigstens außer Sichtweite! Wenn das gar nicht klappt und das Geld reicht, lohnt sich wahrscheinlich die Investition in ein aushäusiges Büro. Und auch wenn dafür eigentlich gerade nicht genug Geld vorhanden ist, sollte man darüber nachdenken. Denn die räumliche Veränderung kann und soll ja einen Produktivitätsschub auslösen, der dann auch die Mehrkosten für das zusätzliche Büro aufwiegen kann.

Die richtigen Kostüme

Der Morgenrock, das ist klar, bleibt im Bad. Wer sich in Freizeitklamotten unprofessionell fühlt, zieht sich am besten so an, wie es zu seiner Arbeit passt. Es muss ja nicht unbedingt der blaue Zweireiher mit Krawatte sein, aber wenn er hilft – warum nicht? Ansonsten unterstützt vielleicht ein gepflegtes Hemd respektive die passende Bluse dabei, sich professionell zu fühlen und selbst ernst zu nehmen und so eine produktive Arbeitsatmosphäre zu schaffen.

Der angemessene Habitus

Wenn man sich »richtig« anzieht, einen extra abgegrenzten Arbeitsbereich hat, vielleicht auch ein externes Büro aufsucht, dann muss man sich natürlich auch entsprechend verhalten. Das heißt: Es wird während der Arbeitszeit nicht mehr eingekauft, Computer gespielt oder Wäsche aufgehängt. Sämtliche Tätigkeiten, die mit der privaten Rolle zu tun haben, sind tabu. Sonst klappt es mit dem Rollenwechsel einfach nicht. Stattdessen sollte man sich neue Abwechslungen suchen. Warum nicht zwischendurch mal im blauen Zweireiher ins Stehcafé gehen und dort einen dieser hastigen Geschäftsleute-Kaffees zu sich nehmen? Oder mittags in der Sushi-Bar essen, wo die anderen Berufstätigen auch ihre Pause machen? Vielleicht gibt es sogar eine, wo man manchmal Kollegen von früher trifft, als man noch angestellt war, oder Fachkollegen, die man aus dem Berufsverband kennt?

Die wirkungsvolle Präsentation

Wer wirklich professionell ist, präsentiert sich sowieso entsprechend, aber viele Menschen müssen in ihre geschäftliche Rolle erst hineinwachsen. Eine Visitenkarte mit Kontaktadresse, Telefonnummer und E-Mail haben wohl die meisten Selbstständigen. Aber man kann natürlich noch weiter gehen! Was ist mit der eigenen Website, auf der man sich und seine Leistungen vorstellt? Und wie wäre es mit einem kleinen Flyer, auf dem jene, die lieber etwas in der Hand haben, eine Vorstellung bekommen, was man genau anzubieten hat, und den man darüber hinaus an den verschiedensten Orten auslegen oder notfalls auch an Wände und Scheiben kleben kann? Was ist eigentlich mit geschäftlichem Briefpapier? Und wenn man schon über all das nachdenkt, kann man sich auch gleich noch mit den Themen Firmenname und Logo befassen. Will man wirklich nur unter seinem eigenen

Namen tätig sein, dann kann man wenigstens einen eindringlichen Schriftzug dafür wählen, um sich als berufliche Person besser von der Privatperson abzugrenzen und auch nach außen hin seine Professionalität zu unterstreichen. Darüber hinaus aber kann man sich in manchen Berufen noch viel wirkungsvoller in Szene setzen, wenn man einen Firmennamen hat und wenn diese Firma auch ein Logo schmückt, das alles ziert: Visitenkarte, Briefpapier, Website, Flyer – und womit man sonst noch für sich wirbt. Man könnte ja auch mal eine Werbeanzeige in einer regionalen Zeitung oder in einer Fachzeitschrift schalten. Natürlich sollte hinter dieser Investition unbedingt immer auch eine rationale finanzielle Kalkulation stecken, aber wenn es sich lohnt, dann kann man sich neben dem äußeren auch noch richtig über den inneren Effekt freuen: Wer wird wohl nicht spätestens beim Anblick einer eigenen Werbeanzeige an seine Professionalität glauben?

Wenn alle diese Punkte berücksichtigt, ausprobiert und soweit nötig auch umgesetzt sind, dann müsste sie eigentlich da sein, die berufliche Identität. Die Rolle, in die man schlüpft, wenn man anfängt zu arbeiten. Die Rolle, mit der man sich selber signalisiert, wer man beruflich ist, wofür man steht. Mit dieser Rolle signalisiert man auch nach außen, dass man ein ernst zu nehmender Geschäftspartner ist. Wer eine schicke Website, ein tolles Logo und eine elegante Visitenkarte hat und dazu noch seriöse Kleidung trägt, weckt Erwartungen. Nicht erschrecken, sondern freuen! Und nie wieder im Bademantel arbeiten!

Heidrun, 48
Immobilienmaklerin

Große Disziplinprobleme habe ich nicht, aber ich hatte mich immer geärgert, dass ich so lange Anlaufphasen brauchte morgens. Ich stand auf, kochte mir einen Kaffee, las meine E-Mails, dann trank ich noch einen Kaffee und surfte ein bisschen in Wohnungsbörsen herum und dann hab ich eine Weile im Bad herumgetrödelt. Wenn ich endlich am Schreibtisch saß, war es 11 Uhr. Das hat mich wahnsinnig genervt. Also hab ich eine klare Grenze gezogen: Morgens habe ich ohne Hast gefrühstückt und beim Kaffeetrinken Zeitung gelesen. Meine E-Mails mussten warten. Aber dafür habe ich mich dann schnell angezogen, und zwar so ordentlich, dass ich mich für Kundentermine nicht nochmal extra umziehen musste. Und dann hab ich mich an den Schreibtisch gesetzt und bin richtig durchgestartet. Damit hatte ich meinen Arbeitsbeginn um zwei Stunden vorverlegt. So hab ich mich mit mir und der ganzen Situation wesentlich besser gefühlt.

Zu still? Oder zu lebendig? Den Arbeitsplatz verändern

Ein Arbeitsplatz kann zu groß oder zu klein sein, zu hell, zu dunkel, zu laut – oder auch zu leise. Ganz allein in einem riesigen, halb leeren Raum zu sitzen, löst bei manchen Menschen Verlorenheit aus. Umgekehrt werden andere Menschen nervös, wenn ihr Arbeitsplatz zu eng ist, wenn sie ständig irgendwelche Stapel umschichten müssen, um weiterzuarbeiten. Lichtmangel erhellt das Gemüt auch nicht gerade. Dass Lärm bei der Arbeit und auch sonst stört, sogar krank macht, wird immer wieder neu in medizinischen Studien nachgewiesen. Telefongespräche des Bürogenossen mitzuhören erschwert die Konzentration ebenso wie ständige Störungen der Familie oder laute Spielgeräusche der Kinder im Zimmer oder auf dem Flur vor der Tür des Home Offices. Freilich: Fehlen Geräusche ganz, ist es auch verkehrt – dann wird die Stille bedrückend, erzeugt bei manchen Menschen das Gefühl, ganz allein auf der Welt zu sein.

Das Gute an diesen Problemen ist, dass man sie relativ leicht lösen kann.

Luisa, die Journalistin, versucht es zum Beispiel mit dem Fernseher. Er läuft bei ihr tagsüber stundenlang, und deshalb kennt Luisa die Moderatoren der Nachrichtensendungen, amerikanische und deutsche Serienhelden, Talkmaster, Richter und fast alle anderen, die von morgens bis nachmittags die Hirne derjenigen vernebeln, die nichts Besseres zu tun haben, als vor dem

Fernseher zu hängen. Luisa freilich hat etwas Besseres zu tun. Arbeiten nämlich. Und das tut sie trotz laufenden Fernsehers. Die Glotze läuft nebenbei, nur manchmal schaut Luisa genauer hin. Wenn das Telefon klingelt, schaltet sie das Gerät oder mindestens den Ton ab, und wenn sie sich richtig konzentrieren muss auch. Ansonsten lässt sie die Menschen im Fernseher streiten, hassen, lieben, lachen.

Und warum? »Es ist mir sonst zu still hier«, sagt Luisa.

Freilich ist es kein Allheilmittel gegen übermäßige Stille und schon gar nicht jedermanns Sache, sich mit Hintergrundgeräuschen welcher Art auch immer aus Elektrogeräten berieseln zu lassen. Doch es gibt noch weitere Möglichkeiten, dem Arbeitsplatz Leben einzuhauchen.

So verlässt Hörspielautor Jochen gegen Mittag sein heimisches Büro und zieht in die öffentliche Bibliothek um, wo er die nächsten Stunden schreibt. Dort ist es auch ruhig, aber er hat einen Tapetenwechsel und sieht andere Menschen, die hier ebenfalls arbeiten oder lesen. In kommunalen Büchereien findet man meist nur ein paar Tische, an denen man sich niederlassen kann. Wissenschaftliche Bibliotheken bieten manchmal auch computerisierte Arbeitsplätze oder zumindest Tische mit Anschlüssen für mitgebrachte Computer. Manche Doktoranden, Diplomanden oder Studenten schreiben ihre Arbeiten sogar komplett und ohne Probleme in der Bibliothek.

Hartgesotteneren Naturen mag auch ein Café zum Weiterarbeiten dienen. Auch hier kann man vielleicht Bekannte treffen, und kulinarisch gesehen sind Cafés oder Restaurants auch die nettere Alternative zur Bibliothek; allerdings kann es hier sehr unruhig werden. Zudem sind die Tische meist zu klein, um eine nennenswerte Menge von Arbeitsmaterial dort auszubreiten, und insgesamt ist die Atmosphäre eher entspannt und locker als arbeitsorientiert – aber um ein paar Abrechnungen vorzunehmen oder sich etwas durchzulesen – warum nicht? Einen Versuch ist es wert.

Eine andere Möglichkeit, einen allzu ruhigen Arbeitsplatz zu beleben, ist ein Umzug dieses Arbeitsplatzes. Muss man wirklich im oberen Stockwerk zum Garten hinaus arbeiten, wo man nichts als Bäume sieht? Vielleicht wäre es besser, mit dem Schreibtisch nach unten zu ziehen, ins Erdgeschoss, dort den Schreibtisch ans Fenster zu stellen, mit Blick auf die Straße? Wenn sich dieser kleine Umzug nicht im eigenen Haus realisieren lässt oder man sich dafür eine neue Wohnung suchen müsste, kann man auch ein entsprechendes Büro aushäusig anmieten, oder ein Ladenlokal. In manchen – nicht allen – Gegenden sind solche Räume ziemlich preiswert. In jedem Fall lohnt sich, falls die Möglichkeit vorhanden ist, ein Versuch. Es hat einen großen Effekt, wenn man Menschen vorübergehen sieht. Wenn man beim Telefonieren hinaus in eine bewegte Szenerie blickt. Wenn man das Fenster öffnet und Stimmen hört. Es vergeht nicht nur das Gefühl, völlig abgeschieden vom Rest der Menschheit zu arbeiten. Sondern man hat nun auch eine gewisse soziale Kontrolle. Denn: Man wird ja auch von den Menschen da draußen gesehen! Man kann nun nicht mehr heimlich am Schreibtisch die Füße hochlegen, ein Bierchen zischen und das Moorhuhn jagen, ohne dass es jemand mitbekommt.

Wer nun von vornherein plant, seinen Arbeitsplatz mitten im Trubel, an einem recht geselligen Ort aufzuschlagen, sei jedoch gewarnt. Geselligkeit tilgt zwar die Isolationsgefühle. Doch sie kann auch ins Gegenteil umschlagen. Wer seinen Arbeitsplatz nicht gut abgrenzt, leidet möglicherweise unter Lärm und ständigen Ablenkungen, denen er sich nicht entziehen kann. So ist es am Küchentisch vielleicht sehr gemütlich, und es kommen auch nicht so schnell Einsamkeitsgefühle auf, wenn die Gattin oder der Gatte kocht, während man selbst seine Termine plant. Es kann auch sehr nett sein, wenn die ganze Familie im Wohnzimmer an einem Tisch arbeitet: die Eltern an der Buchhaltung, die Kinder an den Hausaufgaben. Fraglich ist aber, wie lange man so eine ruhige und konzentrierte Arbeitsatmosphäre halten kann.

Wie kann man sich nun vor Ablenkung schützen? Natürlich liegt es nahe, ein Großraumbüro gegen ein kleineres oder auch gegen ein Einzelbüro zu tauschen oder sich einfach von dem viel telefonierenden Kollegen aus der Zweisamkeit im Büro zu verabschieden. Doch so einfach ist es nicht: Der Kollege ist vielleicht ein guter Kollege; die Menschen im Großraumbüro mag man auch, und trotz allen Lärms sind die Pausen zwischendurch und die Unterstützung in schwierigen Situationen einfach Gold wert. Dann wäre die Trennung eher kontraproduktiv. In solchen Fällen können Zeitabsprachen oder Veränderungen der Arbeitszeit helfen, die nötige Ruhe zum Arbeiten zu finden. Vielleicht ist es im Großraumbüro frühmorgens oder am späten Nachmittag ruhiger als vormittags? Dann kommt man eben früher, wenn man etwas Schwieriges zu erledigen hat und Ruhe braucht. Oder man verlegt seine Arbeitszeiten auf den späten Nachmittag. Das kann auch helfen, wenn man mit wenigen bzw. einem Kollegen zusammensitzt. In diesem Fall hat man ohnehin den Vorteil, sich verabreden zu können. Vielleicht lassen sich Telefonzeiten oder umgekehrt Ruhezeiten verabreden.

Für die Arbeit zu Hause kann man ebenfalls versuchen, auf Zeiten auszuweichen, in denen die Familie nicht da ist. Die meisten Eltern arbeiten vormittags, wenn die Kinder nicht da sind, oder abends. Wenn das nicht hilft oder nicht reicht, muss man sich räumlich besser abgrenzen. Denn in der eigenen Wohnung lässt sich aus Zimmern, in denen man mehr als ein bis zwei Stunden arbeiten möchte, die Familie kaum dauerhaft aussperren. Also muss ein eigener Raum her; wenn der nicht übrig ist, kann man vielleicht ins Schlafzimmer ausweichen, das tagsüber nicht benutzt wird. Wichtig ist, dafür zu sorgen, dass dieser Raum von den anderen respektiert wird. Das heißt, die anderen müssen wissen, dass man eben nicht zur Verfügung steht, wenn man sich in diesen Raum zurückgezogen hat.

Dann allerdings wird man vielleicht erstaunt erleben, dass die anderen sich darauf viel besser einstellen können als man selbst. Es ist manchmal gar nicht so leicht, nicht immer wieder die Nase aus der Tür zu stecken und nachzusehen, was die Kinder jetzt machen. Oder dem Partner die spontanen Einfälle zur Wochenendgestaltung mitzuteilen. Doch mit der Zeit spielt sich das ein. Und dann stellt man fest: Das eigene, abgegrenzte Arbeitszimmer ist das Beste, was man für seine Konzentrationsfähigkeit tun kann. Wenn es nicht zu still ist!

Wenn es trotzdem nicht klappen will, bleibt keine Wahl: Dann muss der Arbeitsplatz außer Haus verlegt werden – also auf ins aushäusige Büro.

Vor- und Nachteile von Gemeinschaftsbüros

Wenn einem zu Hause oder im Einzelbüro die Decke auf den Kopf fällt, kann ein Gemeinschaftsbüro die optimale Lösung sein. Wie auch immer es eingerichtet ist und die Zusammenarbeit gestaltet wird: Lohnen tut es sich, weil man mindestens ein Schwätzchen an der Kaffeemaschine halten und weil man sich die Bürokosten teilen kann.

Wer in einem Gemeinschaftsbüro arbeiten möchte, kann entweder selbst auf dem Büro- oder Gewerbeimmobilienmarkt nach geeigneten Räumen Ausschau halten oder nach einem Platz in einer bereits bestehenden Bürogemeinschaft suchen. Freie Plätze werden manchmal in den Immobilienanzeigen inseriert. Wer Fachkollegen sucht, sollte aber auch die Kleinanzeigen in den einschlägigen Branchenzeitschriften, Fachzeitungen oder Verbandsmagazinen studieren; hier finden sich häufig Annoncen, in denen freie Plätze in Gemeinschaftsbüros angeboten werden. Umgekehrt kann man hier auch selbst inserieren und nach einem Platz fragen oder nach Mitstreitern, um mit ihnen gemeinsam auf Bürosuche zu gehen. Auch in Foren und Mailinglisten im Internet wird immer wieder nach Bürogemeinschaften gefragt.

Wie funktioniert nun solch ein Gemeinschaftsbüro? Es gibt verschiedene Modelle. Grundsätzlich sehen sie so aus, dass sich verschiedene Freelancer zusammen in einem Büro oder einer Büroetage einmieten. Dabei können sie sich unterschiedlich intensiv aneinander binden. Die sehr verbindliche Variante sieht so aus, dass alle zusammen den Mietvertrag unterschreiben, anschließend gemeinsam das Büro ausstatten und einrichten. Dann fehlt eigentlich nur noch, dass sie auch nach außen hin als gemeinsame Firma auftreten – das Ende des Einzelkämpfertums. So weit muss es natürlich nicht gehen. Es kann ja auch jeder seinen eigenen Schreibtisch mitbringen, und eine gemeinsame Firma muss man auch nicht gründen. Oft mietet auch einer allein oder ein kleiner, harter Kern der Freiberufler die Räume bzw. die Etage an, und dieser oder diese Hauptmieter vermieten die überzähligen Räume bzw. Büroplätze an weitere Freiberufler unter.

Ob man nun nur die Kosten teilt und gemeinsam Kaffee trinkt oder ob man auch zusammenarbeitet, hängt davon ab, welche Menschen die Bürogemeinschaft bilden. Es gibt Gemeinschaftsbüros, in denen sich völlig verschiedene Freiberufler zusammenfinden. Der Fotograf Hans beispielsweise sitzt in einer zu Büros umgebauten Altbauwohnung mit einer Maklerin im Nebenraum zusammen. Sie arbeiten überhaupt nicht zusammen, teilen sich aber die Miete, die für die größere Wohnung vergleichsweise günstiger ist, als wenn sie zwei Einzelwohnungen hätten. Zudem hat die Wohnung noch einen Konferenzraum, den sie abwechselnd für Besprechungen nutzen. »So was allein zu finanzieren, wäre schon eine Belastung«, sagt Hans. »Außerdem verstehen wir uns gut, und es ist total nett, zwischendurch mal einen Kaffee zusammen zu trinken.«

Ähnliches berichten Lebenspartner, die sich in der Wohnung ein gemeinsames Büro eingerichtet haben. Da sitzt dann die Trainerin Rücken an Rücken mit ihrem Lebensgefährten, dem Bauingenieur. Oder die freiberufliche Texterin gegenüber dem Finanzdienstleister. Beide sparen die Miete für ein aushäusiges Büro, beide haben Gesellschaft – womöglich noch die, die ihnen am allerliebsten ist. Ob und wie lange eine Bürogemeinschaft in Personalunion mit der Lebensgemeinschaft funktioniert, hängt wohl von jedem einzelnen Paar ab; wenn es gut läuft, dann ist das die vielleicht unaufwändigste und vermutlich kostensparendste Art, eine Bürogemeinschaft zu bilden.

Verbindlicher sind Bürogemeinschaften, deren Mitglieder auch zusammenarbeiten. Dieses Modell ist unter Journalisten recht verbreitet, aber auch unter Grafikern oder Fotografen. Es kann so weit gehen, dass sich Freiberufler zu kleinen Firmen zusammenschließen – dann freilich kann man nicht mehr von Einzelkämpfern sprechen. Wenn man also nicht so weit geht, sich auch von der Rechtsform her zusammenzuschließen, dann kann das Gemeinschaftsbüro so aussehen, dass jeder noch für sich allein wirtschaftet. Wie immer im Gemeinschaftsbüro spart trotzdem jeder Telefon-, Material- und Mietkosten. Darüber hinaus gibt es verschiedene Möglichkeiten zusammenzuarbeiten: Die Büromitglieder können sich gegenseitig Aufträge zuschustern oder in Projekte einbinden, wenn ein Auftrag für eine Einzelperson zu groß ist. Beispielsweise nähme dann ein Texter noch einen Grafiker und einen Fotografen mit ins Boot, wenn sein Kunde ihn nicht nur mit der Erstellung von Texten beauftragt hat, sondern gleich eine komplette Broschüre von ihm möchte. Solche Unteraufträge lassen sich natürlich auch ohne Gemeinschaftsbüro vergeben; hat man sich allerdings räumlich zusammengeschlossen, dann sind die Wege natürlich kürzer, leidige Verabredungen fallen weg, und es wird mehr kommuniziert.

Welches Modell auch immer man wählt: Die Vorteile eines Gemeinschaftsbüros liegen auf der Hand. Es sind Menschen da aus Fleisch und Blut. Sie sitzen an ihren Schreibtischen oder Telefonen und arbeiten. Das zieht einen mit und es fällt außerdem schwer, zu faulenzen, Privatgespräche zu führen oder in Zeitschriften zu blättern, wenn um einen herum eine gewisse Emsigkeit herrscht.

Ein Gemeinschaftsbüro kann jedoch noch weit mehr bieten als nur eine nette Arbeitsatmosphäre. Man kann natürlich auch richtig zusammenarbeiten. Das beinhaltet einerseits, ganze Projekte oder Projektteile zusammen abzuwickeln, Aufträge im Team auszuführen. Andererseits kann es aber auch bedeuten, sich gegenseitig zu trösten, sich gegenseitig Ideen vorzutragen, über komische Anrufer zu lachen oder seinem Ärger Luft zu machen.

Das ginge zwar auch ohne Büro; per Verabredung, am Telefon oder durch das Internet. Aber es ist leichter, direkter und näher, wenn die Kollegen gleich nebenan sitzen. Man spricht sich eher an, zögert nicht und entwickelt vielleicht sogar mehr Vertrauen. Dadurch macht man seinem Ärger nicht erst Luft, wenn er riesengroß ist, sondern befreit sich frühzeitig auch von kleineren Frustgefühlen. Man sucht sich nicht erst dann Hilfe, wenn man schon im tiefen Motivations- oder Frustloch feststeckt und bereits Zeit und Energie eingebüßt hat, sondern man spricht rechtzeitig aus, was einen bedrückt. Wer im Gemeinschaftsbüro arbeitet, lässt außerdem die Dinge nicht so schnell schleifen, weil er nicht unbeobachtet ist. Geschäftsflauten zu vertrödeln, statt sich weiterzubilden oder neue Konzepte zu kreieren: Das fällt hier auf. Es gibt Kollegen, die nachfragen, warum man nicht da war in der letzten Woche. Es ist nicht so leicht, sich selbst und den Rest der Welt zu belügen.

Ist also das Gemeinschaftsbüro das Paradies für Einzelkämpfer? Kann sein, muss aber nicht.

Wer etwa im Gemeinschaftsbüro mit Kollegen aus dem gleichen Fach arbeitet, hat zwar kompetente Ansprechpartner für seine Fachprobleme. Aber es sind auch Konkurrenten. Sie haben vielleicht größere und bessere Aufträge. Sie wollen ihr Wissen nicht immer uneingeschränkt teilen. Vielleicht hat man auch das Gefühl, selbst mehr zu geben, als man zurückbekommt, weil man gerne mal einen Auftrag weitergibt, aber umgekehrt nie einen zugeschustert bekommt? Das sind Probleme, die man auch in richtigen Teams haben kann: verursacht durch unfaire, dominante oder neidische Kollegen. Wer wegen solcher Konflikte aufgehört hat, in Teams zu arbeiten, wird in Gemeinschaftsbüros mit Fachkollegen auf ähnliche Probleme stoßen. Freilich in leicht entschärfter Form, weil man nicht wirklich zusammenarbeiten muss, sondern sich zurückziehen und distanzierter nebeneinanderher arbeiten kann, wenn die Atmosphäre nicht allzu vergiftet ist.

Kaum Konkurrenzprobleme dürfte man dagegen haben, wenn man mit Menschen aus anderen Berufen oder Branchen zusammensitzt. Was will der Immobilienmakler schon dem Fotografen wegnehmen außer ab und zu ein bisschen Druckerpapier? Doch auch hier sind Konflikte nicht ausgeschlossen. So hat die Managementtrainerin Andrea in ihrer häuslichen Bürogemeinschaft mit ihrem Lebenspartner feststellen müssen, dass seine Anwesenheit sie bei der Akquise stört. »Ich kann einfach keine Akquisetelefonate führen, wenn er da ist«, stöhnt sie. Vielleicht liegt das an ihrem Freund? »Darüber hab ich natürlich nachgedacht«, sagt sie, »aber ich bin sicher, das würde mir mit jedem anderen auch so gehen.« Andreas Lösung: Sie wartet, bis ihr Partner das Haus verlässt, und telefoniert dann. Da er tatsächlich nicht immer da ist, funktioniert diese Regelung einigermaßen. Würde sich Andrea in einem Gemeinschaftsbüro einmieten, in dem sie kein eigenes Zimmer hätte, behielte sie auf jeden Fall einen Schreibtisch zu Hause, das ist ihr klar geworden: »Einen Ort, wo ich ganz allein bin und ganz geschützt schwierige Telefonate führen kann, brauche ich auf jeden Fall.«

Vorhang auf: Tu Gutes und sprich darüber

Arbeit ist für viele Menschen etwas Fremdbestimmtes. Also eine Tätigkeit, die sie ausführen, weil es jemand anders von ihnen erwartet. Wenn sie arbeiten, tun und sagen sie Dinge, die sie privat nicht oder zumindest nicht auf diese Art und Weise tun oder sagen würden. Bei einigen Berufen ist es ganz offensichtlich: Wer würde schon freiwillig in seinem Privatleben täglich gestresste Kongressbesucher anstrahlen? Oder wie im Call Center die Beschwerden und Wutausbrüche gestresster Computernutzer auffangen?

Um mit solchen Widersprüchen zurechtzukommen, spalten sich die meisten Menschen innerlich in Arbeits- und Privatperson auf. Das gelingt, indem sie wie Schauspieler in verschiedene Rollen schlüpfen. So wird aus dem tagsüber geduldigen und stets etwas reservierten Supporter abends ein temperamentvoller, tobe- und spielfreudiger Vater, der seine Kinder selbst ins Bett bringt und anschließend seiner Frau erzählt, was er wirklich über die Computer-Dummies denkt, die ihn Tag für Tag mit mehr oder weniger dämlichen Fragen löchern. Und die unduldsame, energische Abteilungsleiterin ist privat zwar auch energisch, aber nicht unduldsam, sondern lauscht im Gegenteil sehr verständnisvoll und ausdauernd den Sorgen und Nöten ihrer ewig über das gleiche Problem jammernden besten Freundin. Falsche Schauspieler mit zwei Gesichtern? Nein, bei weitem nicht. Jeder Mensch hat ja verschiedene Seiten, und wer sich im Beruf anders verhält als im

Privatleben, muss sich nicht gleich um 180 Grad drehen. Sondern er wird einfach verschiedene Facetten seiner Persönlichkeit ausleben.

Wer allerdings allein arbeitet und sich dabei einsam fühlt, sollte diese Aufteilung seiner Welten eventuell aufbrechen.

Es kann nämlich ein guter Weg aus der Isolation sein, sich seinen privaten Freunden und Bekannten zu öffnen und mitzuteilen, was man den ganzen Tag tut. Bildlich gesprochen heißt das, einfach mal den Vorhang zur Arbeit beiseite zu ziehen und die Freunde ins Büro schauen zu lassen. Ihnen zu erzählen, was man gerade so treibt. Abends in der Kneipe zu berichten, womit man den Tag verbracht hat. Mal nicht nur über Fußball und Musik zu sprechen und nicht nur von den Kindern oder dem Ärger mit den Schwiegereltern zu erzählen. Sondern über Kunden zu schimpfen, über ein Honorardumping, über einen geplatzten Vertrag oder den Ärger über den missratenen Entwurf. Man muss ja die Freunde nicht gleich zutexten, bis sie unter den Tisch sinken. Von sich zu erzählen heißt, ihnen auch die anderen, unbekannten Facetten der eigenen Persönlichkeit zu zeigen. Damit wird auch für einen selbst der Tag realer. Erzählen, was gewesen ist, heißt auch, sich und seine Tätigkeit sichtbar zu machen. Existent zu werden für die Umwelt, nicht mehr allein und unbeobachtet vor sich hinzuarbeiten. Von Erfolgen, aber auch Problemen zu sprechen entlastet, denn die einsam erlebten Ereignisse werden so zu einer Realität. Damit können andere Menschen an ihnen teilhaben. Einerseits erleichtert das. Andererseits wird das Erlebte unverrückbar. Man kann nicht mehr so tun, als hätte man den Tag nicht vertrödelt. Hat man es erzählt, muss man irgendwie damit umgehen. Das ist wichtig für Einzelkämpfer, um den Halt nicht zu verlieren; gerade, wenn sie lange Strecken allein bewältigen müssen – größere Projekte, umfangreiche Aufträge, bei denen es über größere Zeiträume hinweg keine Rückmeldung vom Geschäftspartner gibt.

Hörspielautor Jochen geht noch einen Schritt über das bloße Erzählen hinaus: Er gibt seine an den einsamen Tagen geschriebenen Texte seiner Lebensgefährtin. Sie liest und beurteilt sie und

beruflichen Belange braucht, sollte sich noch einmal im beruflichen Umfeld nach Gelegenheiten zum Sprechen umschauen. Gelegenheit, Fachkollegen zu treffen, gibt es genug. Vereine, Verbände, Netzwerke laden regelmäßig zu Treffen und Veranstaltungen ein. Allerdings ist es eine Frage der inneren Haltung, wie weit sich durch solche Kontakte die Isolationsgefühle aufheben lassen. Wenn man sich nämlich cool und mit Pokerface präsentiert und vor allem darauf abzielt, einen souveränen und überlegenen Eindruck zu machen, ist das für das Geschäft vielleicht das Richtige, auf der menschlichen Ebene kommt jedoch nicht viel dabei heraus. Dabei ließe sich mit einem etwas offeneren Verhalten vielleicht mehr Vertrauen aufbauen, und dann ließe sich auch entdecken, dass vermeintlich abgebrühte Konkurrenten eigentlich ziemlich nett und zugänglich sind.

Wem das zu unsicher ist, dem bietet sich eine andere, kontrolliertere Möglichkeit zum Austauschen und Unterstützen an: so genannte **Erfolgsteams**. Sie sind ein recht junges Modell der Vernetzung. Wie so vieles, kommt auch diese Idee aus den USA. Beraterin und Coach Ulrike Bergmann machte die Erfolgsteams in den 90ern in Deutschland publik (www.erfolgsteams.de). In Erfolgsteams schließen sich Menschen zusammen, die sich gegenseitig darin unterstützen wollen, ihre persönlichen oder beruflichen Ziele zu erreichen. Sie treffen sich in der Regel einmal pro Woche. Dann berichtet jeder über seine Arbeitsfortschritte – oder auch Rückschläge – auf dem Weg zum Ziel. Die anderen Teammitglieder geben ihm Feedback über ihre Wahrnehmung seiner Aktivitäten und machen Verbesserungsvorschläge. Bis zum nächsten Treffen nimmt sich dann jeder ein weiteres Etappenziel vor, eine Art Hausaufgabe, über die er berichten wird.

Für Einzelkämpfer mit großem Distanzbedürfnis kann solch ein Team genau das Richtige sein, denn man kann es mit Menschen aus ganz anderen Berufen gründen. Oder auch mit Fachkollegen, aber solchen, die man vorher gar nicht kennt und denen man nachher auch nicht wieder begegnen muss, wenn man nicht will. Diese Anonymität kann es sehr erleichtern, über Probleme zu sprechen, die man seiner unmittelbaren Umgebung – sowohl privat als auch beruflich – lieber verschweigt.

Andrea, die Managementtrainerin, hat an einem Erfolgsteam teilgenommen. Die anderen Teilnehmer lernte sie in einer Trainer-Weiterbildung kennen, das Erfolgsteam war also halb anonym: Man kannte sich aus dieser Weiterbildung ganz gut, hatte allerdings im sonstigen Leben nichts miteinander zu tun. Andrea fand das Erfolgsteam sehr bereichernd: »Vor allem die Hausaufgaben haben mich sehr vorangebracht. Ich habe mir vorrangig Fachlektüre und konzeptionelles Arbeiten vorgenommen. Das sind genau die Sachen, die ich sonst immer schleifen lasse, weil ich keinen direkten Bezug dazu habe. So aber konnte ich jede Woche berichten, was ich Neues gelernt hatte.« Inzwischen ist sie aus dem Erfolgsteam ausgestiegen, weil sie ihre Ziele erreicht hatte und aufgrund anderer Projekte unter Zeitdruck geriet. Aber das Konzept empfiehlt sie weiter, und für sich schließt sie nicht aus, erneut an solch einem Team teilzunehmen, denn: »Meine Fachbücher bleiben prompt wieder liegen, seit ich da ausgestiegen bin, weil ich jetzt keinen mehr habe, mit dem ich über die Lektüre sprechen könnte.«

Wer nun weder die passenden Leute noch regelmäßig Zeit für ein Erfolgsteam findet und auch im Freundes- und Kollegenkreis nicht die richtigen Ansprechpartner hat, dem bleibt nichts anderes übrig, als seine Themen mit sich selbst zu besprechen. Damit sind keine Selbstgespräche gemeint, sondern **Tagebücher**. Aus dem privaten Leben kennen wir sie, wenn auch nicht jeder eins führt. Die meisten Menschen halten darin Erlebnisse fest, aber auch Gedanken, Gefühle, Überlegungen, die sie umtreiben. Tagebücher kennen wir auch von Künstlern, Schriftstellern und Journalisten, und manchmal zeichnen Politiker ihre Erlebnisse auf und hinterlassen damit Zeugnisse mehr oder weniger historischer Tragweite, wenn sie veröffentlicht werden. In solchen Tagebüchern sind weniger Ergüsse über Eifersucht, Liebeskummer und Beziehungsprobleme enthalten als vielmehr die Auseinandersetzung mit gesellschaftlichen und politischen Themen. Genauso wie Politiker oder Künstler zu ihren Themen Tagebuch schreiben, kann ein Mensch, der allein arbeitet, ein Arbeitstagebuch führen: Abends festhalten, wie der Tag war, seinem Ärger über einen nervigen Kunden Luft machen, aber auch seiner Freude Ausdruck geben, weil man in einer schwierigen Verhandlung die Oberhand behalten oder ein großes Projekt an Land gezogen hat. Dabei kann man weit über das bloße Protokollieren hinausgehen: Wünsche und Sorgen aufzuschreiben, schriftlich zu analysieren und über sie nachzudenken heißt auch, sie zu verarbeiten, sich klar zu werden, worin eine Arbeitsblockade besteht, warum man sich bei einem schwierigen Telefonat so schlecht gefühlt hat. Man kann Ursachen analysieren und systematisch über Lösungen nachdenken. Vor allem bietet die Schriftform die Möglichkeit, die Erlebnisse und Reflexionen zu jedem beliebigen Zeitpunkt wieder ins Gedächtnis zu rufen. Dadurch werden sie real und können als Bezugspunkte für weiteres Handeln dienen. Man kann nicht mehr an ihnen vorbeisehen, wenn man über seine Verhaltensweisen nachdenkt, es sei denn, man verbrennt die Tagebücher.

Einen Schritt weiter geht, wer sein Tagebuch nicht in der Schublade aufbewahrt, sondern ein **Weblog** schreibt. Weblogs sind Tagebücher, die man im Internet führt. Sie sind die neuste Art, im Internet zu kommunizieren. Für Weblogs gibt es Internetseiten (www.blogger.de, www.blogg.de, siehe auch: www.weblogverzeichnis.de), auf denen man ohne technischen Aufwand direkt loswerden kann, was einen bewegt. Jeder »Blogger«, wie die Tagebuchschreiber im Internet heißen, hat sein eigenes Weblog. Prinzipiell kann nun jeder lesen, was man geschrieben hat. Diesen Zugang kann man mit der Vergabe von Passwörtern einschränken; natürlich kann man auch unter einem Pseudonym schreiben. In Weblogs notiert man ganz privat oder beruflich, was man erlebt, was man wichtig findet, was man entdeckt hat. Manche »Blogger«, wie die Autoren von Weblogs heißen, reflektieren ihren Alltag, berichten von gelungenen Seminaren oder ihren Haustieren. Andere betreiben regelrechte private Nachrichtendienste. In den USA, wo Weblogs viel weiter verbreitet sind als bei uns, werden sie schon zur Konkurrenz für die traditionellen Medien und Nachrichtenagenturen.

Natürlich ist es etwas ganz anderes, ob man privat nur für sich schreibt oder ob andere Menschen mitlesen können. Wer sein Arbeitstagebuch als Weblog führt, wird vermutlich weniger über seinen täglichen Schlendrian klagen. Es wäre ja auch zu peinlich, wenn der Auftraggeber, den man gerade um eine Verschiebung des Abgabetermins bitten musste, nun im Weblog liest, dass man zu viele Partys besucht hat. Eher wird man im Weblog von einem guten oder schlechten Fortbildungserlebnis berichten; wird sich über ein versuchtes Honorardumping ärgern; wird aufschreiben, was einen bei der Zeitungslektüre erschüttert. Manche Menschen betreiben ihr Weblog wie einen Nachrichtendienst, andere erwähnen vielleicht, dass sie heute produktiv sind, weil es draußen regnet. Wie auch immer man es mit den Einträgen hält – eines ist sicher: Man frisst nicht mehr alles still in sich hinein. Wer bloggt, der äußert sich, macht sich sichtbar, geht nach außen. Manchmal gibt es sogar ein Feedback von den Lesern, die meistens aus dem Bekanntenkreis stammen, oder, je nach Zuschnitt des Weblogs, aus Fachkreisen. In den USA kommunizieren Blogger mit gemeinsamen Interessen schon rege untereinander – sie besuchen gegenseitig ihre Blogs und schreiben sich Kommentare zu den Einträgen. Das steckt im deutschsprachigen Raum noch in den Kinderschuhen; hier kommen die Reaktionen eher auf anderen Wegen – per E-Mail, mündlich beim nächsten Treffen oder, indirekter, indem man den Blogger seiner Sachkenntnis wegen zu einem Vortrag einlädt. Bislang sind solche Effekte freilich noch die Ausnahme. Aber es gibt sie!

Martin, 36
Berater

Ich führe jetzt seit mehr als einem Jahr mein Weblog über das Fachgebiet, in dem ich mich profilieren möchte. Ich schreibe meine Erfahrungen rein, aber ich sammle und notiere auch Nachrichten aus der Fachwelt. Offenbar nutzen andere Kollegen mein Weblog inzwischen wie einen Nachrichtendienst. Der Effekt ist enorm; ich werde darauf angesprochen, wenn ich zu Tagungen gehe, und offenbar verfolgen auch einige Leute, was ich tue. Jedenfalls ist mir sogar schon mal ein Job angeboten worden. Für mich selbst ist das Blog ein großer Ansporn, mich fachlich auf dem Laufenden zu halten; sonst würde ich mich ja lächerlich machen.

Keine Angst vor dummen Fragen: Kontakte zu Kollegen suchen

Manche Fragen stellt man einfach zu spät. Wirklich spät. So spät, dass es richtig peinlich ist, dass man sie überhaupt noch stellt. Zum Beispiel, was ein USB-Stick ist. Sollte man eigentlich kennen? Ja doch. Ebenso wie man wissen sollte, was man unter einer Flatrate versteht und was eigentlich diese Frames sein sollen, von denen im Internet dauernd die Rede ist. Unmöglich kann man jetzt noch jemanden um Aufklärung bitten. Damit würde man sich ja als hoffnungsloser Hinterwäldler outen, wo man doch so gerne als pfiffiger Vollprofi gelten möchte. Und so schiebt man es immer auf, jemanden zu fragen, was die Angst, sich eine Blöße zu geben, weiter verstärkt.

Wenn Einzelkämpfer in solche Nöte geraten, liegt es vor allem daran, dass sie sich mühsam alle Informationen selbst besorgen müssen: Welche Software brauche ich, welche kann ich getrost ignorieren? Muss ich ein bildfähiges Handy haben, wenn ja: wozu? Brauche ich DSL? Man braucht viel Aufmerksamkeit und Zeit, um sich über solche Fragen zu informieren, und eine gehörige Portion Allroundtalent gehört auch dazu, denn was sonst in Unternehmen und Teams arbeitsteilig entschieden wird, macht der Einzelkämpfer alles allein. Steuern, Telekommunikation, Autos, Software, Hardware – wer sich selbst managt, vereint alle Aufgaben, für die ein Unternehmen normalerweise extra Abteilungen hat, in einer Person. Über die Technik hinaus muss man auch über Preise und Honorare Bescheid wissen, über Vertragskonditionen, über die Entwicklung wichtiger Unternehmen und einflussreicher Personen der Branche. Und natürlich muss man sein Fachwissen auf dem neuesten Stand halten, muss neue Studien kennen, neue wissenschaftliche Erkenntnisse, Gesetzesänderungen und neue Verordnungen – je nachdem, in welchem Bereich man arbeitet.

Woher also können Einzelkämpfer all diese vielen Informationen bekommen, und wo finden sie Anschluss an die abgefahrenen Züge?

Die reinen Sachfragen lassen sich relativ unkompliziert recherchieren, auch ohne dass man sich irgendwo blamieren müsste. Manches findet sich in Büchern oder Fachzeitschriften; allerdings setzen diese oft schon nach kurzer Zeit genau jenes grundlegende Wissen voraus, das sich rechtzeitig anzueignen man verpasst hat. Oder die Recherche gestaltet sich zu aufwändig. Für diese Fälle bietet sich eine Internetrecherche an. Einerseits kann man versuchen, auf irgendeiner geeigneten Website eine verständliche Erklärung zu finden. Noch nützlicher sind Foren, in denen man anonym Fragen stellen kann. Manche Foren sind extra für die »Dummies« eingerichtet, manche Foren sind so allgemein, dass man hier entsprechend allgemeine Fragen stellen kann. In Publikumsforen von Zeitschriften wie *Brigitte* oder in Elternforen stört sich beispielsweise niemand daran, wenn sich ein User als vollkommen kenntnisfrei zu Themen wie zum Beispiel DSL outet. Überhaupt stößt man gerade in Frauenforen mit breit gefächerten Themen auf viel Verständnis für »dumme« bzw. Anfängerfragen, wenn es wirklich darum geht, Basisinformationen über technische Entwicklungen der letzten Jahre zu bekommen. Alternativ kann man bei Computerproblemen auch in den Foren der Internetanbieter Hilfe finden (z.B. bei *freenet*). Für die spezielleren Fragen, die nicht dazu dienen, sich im aktuellen Jahrhundert zurechtzufinden, sondern die fachbezogen sind, schaue man sich nach entsprechenden Fachforen um oder nach Mailinglisten, in denen sich Fachleute austauschen. Das können Listen für Angehörige bestimmter Berufe sein (z.B. die Listen von www.texttreff.de, für Texterinnen und Übersetzerinnen, oder die Foren auf www.gulp.de, für IT-Freiberufler). Oder Foren bzw. Listen, die um bestimmte Themen kreisen (z. B. die Software SAP). Wer in solchen Communities nicht nur fragt, sondern auch selbst mal etwas von seinem Wissensschatz beisteuert, wird in aller Regel auf große Hilfsbereitschaft stoßen. Darüber hinaus kann und sollte man bei Fachfragen wieder auf Papier zurückgreifen und Fachzeitschriften lesen – dies ist wohl die beste und unaufwändigste Möglichkeit, auf dem Laufenden zu bleiben.

Viel schwieriger ist es, an jene Informationen zu gelangen, die nicht so recht in die Kategorie »Sachfragen« passen wollen. Man kann sie kaum irgendwo nachlesen und auch nicht einfach im direkten Kontakt danach fragen. Gemeint ist das Wissen um die geschäftliche Wirklichkeit und die informellen Regeln, nämlich: Wie viel Honorar ist üblich bzw. was fordern und bekommen eigentlich die anderen? Mehr? Weniger? Und was bekommen sie, wenn der Auftrag nicht zustande kommt? Lassen sie sich wirklich immer vorher alles schriftlich bestätigen, und fordern sie wirklich hinterher immer ihr Geld ein? Wie halten sie es mit Zahlungsfristen und Mahnschreiben? Wie hart sind sie wirklich? Diese Fragen anzusprechen, ist besonders schwer. Über Geld spricht man ja nicht: Daran halten sich viele Menschen. Leider. Denn so kommt es, dass man zu wenig fordert, weil man denkt, die anderen nehmen noch weniger. Oder dass man sich zu viel gefallen lässt. Oder dass man denkt, man wird unterbezahlt, und sich deshalb schämt.

Man kann versuchen, auch solche Fragen im Internet zu stellen. Das Problem dabei ist, dass man in Fachforen, in denen die Teilnehmer mit ihrem Namen vertreten sind, auf die gleichen Hemmungen stoßen kann wie im Kontakt von Angesicht zu Angesicht. Stellt man die Fragen dagegen anonym, dann bekommt man vermutlich auch anonyme Antworten, und nun ist es wieder schwierig, einzuschätzen, welche Fach- und Branchenkenntnis sich eigentlich dahinter verbergen – also wie zuverlässig die Information ist, die man erhält. Kommt sie von einem Profi? Oder schreibt da ein redseliger Quereinsteiger, der seine eigenen Theorien nicht von der Realität unterscheiden kann? Alles ist möglich, und deshalb ist Vorsicht geboten. Unmöglich ist es allerdings nicht, in der virtuellen Welt auch über Honorare Auskünfte zu holen: Entweder findet man ein Forum, dessen Mitgliedern man vertrauen kann. Oder man stellt seine Frage an verschiedenen Orten, so dass man die Antworten abgleichen kann.

Es gilt also, Räume zu finden, in denen man vertrauensvoll kommunizieren kann. In diesem Zusammenhang sei auf zwei Wege hingewiesen: Weiterbildung und Mentoring.

Weiterbildung

In Seminaren kann man gleich zwei Fliegen mit einer Klappe schlagen: Fortbildung in den Themen, in denen man es wirklich nötig hat, und Austausch mit Branchenkollegen – Gelegenheit zur Klärung »dummer« und heikler Fragen.

Nun gehört ja Weiterbildung zu den Ausgaben, an denen die meisten Unternehmen zuerst sparen, wenn die Umsätze nicht stimmen. Das gilt natürlich auch für Einzelunternehmer, die in der Regel alles selbst finanzieren müssen. Da überlegt man sich schon ganz genau, ob man für einen Photoshop-Workshop einige hundert Euro ausgibt. Und verschiebt das Powerpoint-Seminar lieber noch aufs nächste Jahr. Irgendwie geht es erstmal auch so. Steuern und Buchhaltung lernt man aus Büchern, Textverarbeitung über learning by doing, und die neuesten Trends im Fachbereich entnimmt man der einschlägigen Fachpresse oder notfalls mal einem Buch. Eine Weile geht das alles gut, aber nach ein paar Jahren stellt doch manch einer fest, dass er in einigen Bereichen richtige Lücken hat. Wer mal in einem großen Konzern gearbeitet hat, kennt den Unterschied: Für Weiterbildungen werden großzügig Dozenten eingekauft, am besten gleich firmenintern, und wer es richtig gut hat, kommt sogar in den Genuss mehrerer Veranstaltungen pro Jahr und kann anschließend wieder überall mitreden. Einzelkämpfer müssen sich jedes Seminar selber aus den Rippen schneiden, nicht zu vergessen die Reise- und Übernachtungskosten. Trotzdem sollte man versuchen, immer etwas Geld für die Weiterbildung übrig zu behalten. Wenn es wirklich teuer ist, kann man ruhig mal herumfragen, ob sich am Ort oder in der Region nicht noch andere in ähnlicher Lage finden, die Interesse an der gleichen Fortbildung haben. Dann kann man auch als Gruppe den betreffenden Dozenten zu sich einladen und kommt so in der Regel etwas preiswerter zu seiner Fortbildung.

Auf welchem Weg auch immer man dann in einem solchen Seminar landet: Die Investition lohnt sich mehr, als es auf den ersten Blick scheint. Denn über die Fachkenntnisse hinaus bieten Seminare auch einen ganz besonderen Rahmen, um mal in Ruhe über Fragen und Probleme zu sprechen, die man sonst nicht allerorts thematisieren möchte.

Denn in Seminaren entwickelt sich häufig eine ganz besondere Atmosphäre. Alle Teilnehmer haben ihren Arbeitsalltag verlassen und sind bei überregionalen Veranstaltungen vielleicht sogar in eine andere Stadt gereist. Sie setzen sich nun mit Themen in Ruhe und Konzentration auseinander, die im Alltag zu kurz kommen. Sie probieren neue Verfahren aus, testen neue Methoden. Sie lernen sich dabei manchmal selbst von einer neuen Seite kennen. Seminare oder Workshops entwickeln sich, gerade wenn sie mehrtägig sind, häufig zu einer Mischung aus Urlaub, Selbsterfahrung und Labor. In ihnen entsteht eine Atmosphäre, in der sich die Teilnehmer öffnen, ihre Erfahrungen reflektieren und beginnen, über Schwierigkeiten zu sprechen, die sie im unmittelbaren Arbeitsalltag lieber «cool« für sich behalten. Wenn man bei offenen Seminaren – frei zugängliche Kurse, zu denen sich jeder anmelden kann – die Kollegen nicht aus dem täglichen Umgang kennt und auch nicht unbedingt wiedersehen muss, wächst häufig eine vertrauensvolle Atmosphäre, in der so manches angesprochen wird, was man bisher für sich behalten hat. Das muss nicht gleich in ein gruppendynamisches Urerlebnis im Seminarplenum ausarten, in dem plötzlich jeder in der Runde irgendwelche Bekenntnisse ablegt. Es können Probleme im Plenum angesprochen werden, müssen aber nicht. Oft sind es einfach intensive Pausengespräche, in denen man doch mal zugibt, wie hilflos man sich manchmal gegenüber der Zahlungsunmoral seiner Auftraggeber fühlt, oder wie unsicher man ist, wenn es darum geht, Honorare auszuhandeln. Oder wie schwer es fällt, über die Jahre hinweg immer wieder gute Ideen zu entwickeln und zu präsentieren. Solche Gespräche können ungemein erleichtern zumal, wenn andere zu erkennen geben, dass sie ähnliche Erfahrungen gemacht haben.

Mentoring

Wer zielgerichteter mit seinen Problemen umgeht, wer einen Rahmen sucht, der vertrauter, enger, verbindlicher und dauerhafter ist, sollte sich unbedingt einmal mit einem Modell befassen, das seit einigen Jahren viel Zuspruch findet: Mentoring. Ein wahrlich bewährtes Konzept, denn es hat seinen Ursprung in der Antike. Ein enger Freund des bekannten Helden Odysseus trug den Namen Mentor. Ihm vertraute Odysseus die Sorge um die Erziehung seines Sohnes an, während er selbst zum Feldzug gegen Troja seine Familie verließ. Daraus leitet sich die Grundidee ab, dass ein erfahrener Mensch einen jüngeren Menschen eine Zeit lang an seinem Wissen und seinen Erfahrungen teilhaben lässt und ihn ein Stück im Leben geleitet; als Lehrer, Erzieher, Berater. Das moderne Mentoring unserer Tage spielt sich im Berufsleben ab. Mitte der 90er-Jahre hat ein regelrechter Mentoring-Boom eingesetzt. Zielgruppe sind zunächst Frauen, die vor allem in qualifizierten technischen Berufen unterrepräsentiert sind und es in männerdominierten Branchen schwer haben, Karriere zu machen, weil sie in die dort dominierenden Old-Boys-Netzwerke nicht integriert werden. Vor allem große Unternehmen haben deshalb Mentoring-Programme eingerichtet, bei denen erfahrene Fach- und/ oder Führungskräfte den weiblichen Nachwuchs begleiten. Auch an Universitäten, in Behörden und Kirchen gibt es solches Mentoring, außerdem bieten es Verbände und Vereine ihren Mitgliedern an. Die Zufriedenheit der Teilnehmer an diesen Programmen ist so groß, dass es inzwischen in manchen Organisationen auch auf Männer ausgeweitet worden ist.

Konkret sieht Mentoring so aus, dass für einen vorab festgelegten Zeitraum ein Mentor seine Erfahrungen und seinen Rat einem Mentee zuteil werden lässt. Das beinhaltet, das der Mentee seinem Mentor karrierestrategische Fragen stellt – etwa, wenn es um Strategien in einem Konflikt geht oder um eine Entscheidung über die Teilnahme in einem Projekt oder, grundsätzlicher, die Weichenstellung für die weitere Karriere. Auch banalere Fragen wie Akquisestrategien oder Zeitmanagement können besprochen werden. Der Mentor kann weiterhin Türen öffnen, kann den Mentee mit einflussreichen Kollegen bekannt machen, kann ihn mitnehmen in Kreise, zu denen er sonst keinen Zutritt hätte. Mentoring wird in aller Regel professionell begleitet, also von Mentoring-Experten, die vor allem in einführenden Veranstaltungen dafür sorgen, dass beide Seiten ihre Erwartungen klären und Enttäuschungen möglichst von vornherein ausgeschlossen werden.

Ein Mentoring kann auch und gerade für Einzelkämpfer eine sehr feine Sache sein. Wenn sich die Beziehung zum Mentor gut und vertrauensvoll entwickelt, ist das eine phantastische Gelegenheit, die »dummen« Fragen zu stellen. Und die heiklen. Wer könnte einem Neuling mehr über marktübliche Honorare erzählen als ein erfahrener und wohlwollender Kollege? Ein Mentor steht auch auf der Seite seines Mentees, wenn es darum geht, eine schwierige Verhandlung zu führen. Er wird ihm/ihr vielleicht Mut machen zu pokern und Alternativen aufzeigen für den Fall, dass die Rechnung doch nicht aufgeht. Ein Mentor kann aber auch über mentale Tiefs hinweghelfen, indem er zum Beispiel Rat gibt, wie man mit Krisen und Ängsten umgehen kann.

Es gibt für Freiberufler, Selbstständige oder Promovierende bislang leider kaum Mentoring-Angebote. Aber Freiberufler können ja auch selbst aktiv werden. Oder die Programme können von Berufsverbänden und Vereinen organisiert werden (beispielsweise bietet der Journalistinnenbund seinen Mitgliedern ein Mentoringprogramm an, mehr dazu auf:

- www.journalistinnen.de/wir/mentoring/index.html

Auch die »Bücherfrauen« haben ein Mentoringprogramm:

- www.buecherfrauen.de/aktuelles/mentoring@start.html

Was spricht dagegen, solche Programme auch in anderen Verbänden oder Vereinen zu initiieren?

Kerstin, 29
Journalistin

Ich habe ein Mentoring mitgemacht, und ich kann es wärmstens weiterempfehlen. Bei mir ging es vor allem um strategische Fragen. Ich hatte mich nach meiner Promotion selbstständig gemacht und jobbte teilweise als Lokalreporterin, hatte aber auch Lehraufträge. Meine Mentorin hat mich ermutigt, mich von den schlecht bezahlenden Auftraggebern zu trennen und die dadurch gewonnene Energie in die Akquise zu stecken. Sie hat mir auch in einem Konflikt geholfen, als eine Zusammenarbeit mit einer Kollegin nicht klappte. Sie war Ratgeberin, aber auch Sorgentante. Und sehr geduldig! Ich habe wirklich viel von ihr gelernt.

Vernetzen gegen die Einsamkeit

Vernetzen. Das ist das Zauberwort unserer Zeit und die Allzweckwaffe überhaupt. Was auch immer das Problem ist, das meist empfohlene Mittel dagegen lautet: Vernetz dich! (Oder: networke!) Vernetzen soll helfen, wenn der Umsatz einbricht, wenn der Job keinen Spaß mehr macht, wenn man zu viele Aufträge hat oder zu wenige. Immer und immer wieder hört man, dass man sich vernetzen soll, fast monoton. Vielleicht werden deshalb ständig neue Begriffe dafür erfunden? Networking, kommunizieren, teamworken, zusammenarbeiten, klüngeln, einbinden, Kontakte aufbauen: Immer wieder lautet der Rat: Such dir Hilfe, such dir Unterstützung, such dir Gesellschaft.

Und auch wenn wir es kaum noch hören mögen: Gerade für Einzelkämpfer ist die Integration in eines oder mehrere Netzwerke tatsächlich fast unverzichtbar. Denn Netzwerke sind lose, informell, ermöglichen punktuelle und kontrollierte Kontakte. Ihre Mitglieder müssen sich nicht gleich mit Haut und Haaren und für alle Zeit von zwanghaften Strukturen verschlingen lassen. Das macht die Vernetzung gerade für Einzelkämpfer attraktiv, die sich in der Regel nicht mit Leib und Seele integrieren möchten. In Netzwerken aktiv sein erlaubt ihnen, weiterhin allein zu arbeiten – was viele Einzelkämpfer ja trotz Einsamkeitsgefühlen möchten. Eine gute Vernetzung lässt ihnen einerseits ihre Rückzugsräume, mildert aber andererseits die Isolation, in der manche Einzelkämpfer stecken.

Wie sehen Netzwerke nun konkret aus, und wo findet man sie?

Die vielleicht besten Netzwerke entwickeln sich ganz unstrukturiert, wachsen über Jahre aus persönlichen Kontakten und zufälliger Zusammenarbeit. Man ruft sich nach erfolgreicher Kooperation beim nächsten Mal wieder an oder man trinkt zusammen einen Kaffee nach getaner Arbeit. Solche Netzwerke erstehen auch aus der Zusammenarbeit in Angestelltenverhältnissen – frühere Kollegen, mit denen man gute Erfahrungen gemacht hat und gerne in Verbindung bleibt. Oder man lernt sich in Seminaren oder auf Tagungen kennen und hält den Kontakt, weil man sich gut versteht und weil die Interessen sich ergänzen. Für die Beständigkeit solcher vollkommen informellen Netzwerke spielt in der Regel die persönliche Sympathie eine wichtige Rolle; das macht sie auch so angenehm und stabil, denn die Mitglieder halten nicht nur den Kontakt, weil es beruflich nützt, sondern auch, weil sie sich miteinander wohl fühlen.

Ob und wie schnell man sich solch ein informelles Netzwerk aufbaut, hängt davon ab, wann und wo man die entsprechenden Kollegen trifft und ob sie auch gerade Interesse an neuen Kontakten haben. Aber man kann dem Zufall auch ein bisschen auf die Sprünge helfen und strukturiertere Netzwerke suchen: Vereine, Verbände, Arbeitsgruppen oder andere Mailinglisten und Internetforen. Wer systematisch und gezielt vorgehen will, findet eine ganze Reihe organisierter Gelegenheiten, um neue Kontakte zu knüpfen. Ganz grob lassen sich diese zunächst ordnen nach solchen Netzwerken, in denen man sich vor Ort trifft, und nach jenen, in denen man sich virtuell begegnet. Vor Ort:

Stammtische

Hier treffen sich Kollegen, meist in ungezwungener Runde, in mehr oder weniger gemütlichen Kneipen. Einmal pro Woche oder pro Monat, manchmal auch nur vierteljährlich klatschen und tratschen sie abseits des Arbeitsalltages, aber sie tauschen auch Insiderinformationen über Auftraggeber, Vorgesetzte oder sonstige wichtige Personen aus.

Stammtische gibt es innerhalb von Unternehmen; aber auch Freiberufler finden sich auf diese Art zusammen. Manche Termine werden in Berufszeitschriften angekündigt, zu anderen braucht man den persönlichen Kontakt zu den Mitgliedern, um davon zu erfahren und kommen zu dürfen. So gibt es Frauenstammtische innerhalb von Vereinen oder Verbänden, Stammtische freier Mitarbeiter eines großen Unternehmens oder auch Stammtische von Fachkollegen, die sich mit dem gleichen Gebiet beschäftigen. Diese Stammtische zeichnen sich dadurch aus, dass sie keine Vereinsstruktur und nichts Offizielles an sich haben, sondern einfach ein Treffen interessierter Teilnehmer darstellen. Man muss nicht eintreten und keine Vorsitzenden wählen, es gibt keine Eintrittsgelder und keine Anwesenheitspflicht. Dies ist das Entspannte an Stammtischen; andererseits kann es gerade dadurch auch recht privat werden. Der Alkoholkonsum tut zuweilen ein Übriges, um sich näher zu kommen. Aus der Sicht von Einzelkämpfern eignen sich Stammtische deshalb weniger, wenn man lieber Abstand hält, jedoch dann umso mehr, wenn man Lust hat, an einem bestimmten Abend in der Woche mal privat zu werden.

Gewerkschaften/Berufsverbände

Wer sich beruflich organisieren und engagieren will, ist in Gewerkschaften und/oder Berufsverbänden an der richtigen Adresse. Da sich hier naturgemäß viele Branchenkollegen treffen, kann man gut Kontakte knüpfen. Vor allem in Gewerkschaften finden sich dabei eher jene Kollegen, die die Dinge nicht schönreden, sondern mehr die Probleme im Auge haben. Das kann sehr hilfreich sein, wenn man selber gerade in der Klemme steckt und mit Versagensgefühlen kämpft. Ein Nachteil gewerkschaftlicher Organisationen für Einzelkämpfer ist, dass man viel Geduld braucht, um sich mit Gremien und Strukturen auseinander zu setzen. Was gerade für Einzelkämpfer, die sich vielleicht ganz bewusst aus Strukturen herausgelöst haben, eine unangenehme Herausforderung ist. Vielleicht erklärt das auch, warum so wenige Freiberufler in Gewerkschaften aktiv sind – abgesehen davon, dass Gewerkschaften traditionell eher die Interessen von Angestellten vertreten. Demzufolge trifft man hier auch auf viele Angestellte. In kleineren Berufsverbänden sind dagegen unter Umständen eher Freiberufler vertreten – das hängt davon ab, wie das Verhältnis von Angestellten und Selbstständigen in der Branche insgesamt ist.

Vereine, Clubs, Gesellschaften

Vereine gibt es in Deutschland für jede Lebenslage, und so finden sie sich auch in beruflichen Zusammenhängen in großer Zahl. Meistens haben sie sehr konkrete Ziele. So schließen sich Frauen zusammen, die in Männerberufen arbeiten, um sich gegenseitig zu unterstützen. Oder es gründen Selbstständige in der IT-Branche einen Verein, um sich gegenseitig zu beraten und einen kostengünstigeren Rechtsbeistand zu gewährleisten. Manche Vereine dienen einfach dazu, sich gegenseitig das Durchhalten zu erleichtern, wie beispielsweise Doktorandennetzwerke.

Der Vorteil solcher Vereine ist, dass sie sich nicht mit einer so großen Themenbreite auseinander setzen müssen wie Berufsverbände, sondern zielgerichtet und konkret ihre Interessen verfolgen, ohne sich mit nennenswertem organisatorischen oder theoretischen Überbau zu belasten. Die traditionelle und gefürchtete Vereinsmeierei spielt in beruflichen Vereinen eine untergeordnete Rolle. Wie eng, intensiv und verbindlich die Zusammenarbeit ist, hängt ganz von dem jeweiligen Verein ab. Wichtig für die Vernetzungswirkung ist, dass sich die aktiven Mitglieder verstehen, also »miteinander können«, denn meistens ist die Zahl der Aktiven recht überschaubar. Dafür freut man sich über neue Gesichter, und wenn die Chemie stimmt, steht einem erfolgreichen Netzwerken nichts entgegen.

Wenn ein Verein den Titel »Gesellschaft« im Namen (aber das e.V. dahinter) trägt, richtet er seine Aktivitäten eher nach außen, versucht durch Einflussnahme und Lobbyarbeit etwas zu erreichen und mit Fachkompetenz Gewicht zu erlangen. Noch exklusiver geht es zu, wenn der Verein zum Club wird. Dann sind die Tore nicht mehr so offen: hier braucht man oft eine persönliche Einladung eines Clubmitgliedes, um Aufnahme zu finden, oder man muss sich zumindest persönlich anmelden, wenn man Interesse hat. Clubs sind in der Regel der Versuch, eine Elite zu bilden. Es gibt eine ganze Reihe von Businessclubs, in denen sich Selbstständige und Unternehmer treffen, um auf informellem Wege miteinander ins Geschäft zu kommen oder Partner zu finden. Unter ihnen sind auch viele Einzelkämpfer, die auf diesem Wege auf sich und ihre Dienstleistungen aufmerksam machen. Elitärere Clubs wie die bekannten Rotary oder Lions Clubs schreiben sich karitative Ziele auf die Fahnen, aber der eigentliche Sinn der Mitgliedschaft ist das Knüpfen von Kontakten zu einflussreichen Mitmenschen. Hier finden sich eher selten Einzelkämpfer, sondern meistens Führungskräfte aus Politik und Wirtschaft, und was sie herstellen, nennt man nicht mehr Netzwerk, sondern Seilschaft.

Arbeitsgruppen

Sie gehen meistens aus den Aktivitäten von Vereinen oder Verbänden hervor. Hier trifft man sich sachbezogen und arbeitet zu einem bestimmten Thema, das beispielsweise den Berufsverband betrifft. Arbeitsgruppen widmen sich Themen wie Weiterbildung, Frauenförderung, Digitalisierung oder Qualitätsverbesserung. Sie bieten für Einzelkämpfer ganz gute Möglichkeiten, sich gezielt zu engagieren, dabei mit Menschen zusammenzuarbeiten und Kontakte zu knüpfen, ohne sich von Vereins- oder Verbandsstrukturen auffressen lassen zu müssen. Allerdings ist es nicht sinnvoll, sich in einer Arbeitsgruppe einzufinden, wenn man nicht wirklich Interesse an dem Thema hat, dem sie sich widmet. Eine

Arbeitsgruppe funktioniert umgekehrt: Im Mittelpunkt steht die Sache, die Netzwerkwirkung ist ein angenehmer Nebeneffekt. Dieser allerdings kann sich durchaus einstellen: Oftmals ergeben sich aus der Sachebene informelle Kontakte, die auch in anderen Lebenslagen nützlich sein können.

Visitenkartenpartys

Einzelkämpfer, die sich nicht erst mit Gruppen oder Vereinen und ihren Arbeitsthemen anfreunden möchten, sondern lieber ganz gezielt auf Kontaktsuche bei Gleichgesinnten gehen, sollten ihr Glück auf Visitenkartenpartys versuchen. Das sind Veranstaltungen, die einzig und allein der geschäftlichen Kontaktaufnahme dienen. Sie werden meist von professionellen Agenturen organisiert und regional und im Internet angekündigt (z. B. www.visitenkartenparties.de, www.visitenkartenparty.at, www.visitenkartenparty.biz). Die Teilnehmer entrichten einen Eintrittspreis und dürfen sich dann gegenseitig bekannt machen und ihre Visitenkarten austauschen. Unterstützend stellen die Veranstalter noch die geschäftlichen Profile der Teilnehmer zur Verfügung und helfen dabei, aus der Vielzahl der Teilnehmer die jeweils interessanten herauszufischen. Zusätzlich erleichtert meist ein Rahmenprogramm mit Vorträgen, Gelegenheit zur Selbstpräsentation oder Workshops das Kennenlernen.

Wie erfolgreich eine Visitenkartenparty tatsächlich ist, hängt sicher von jedem Einzelnen ab. Naturgemäß finden sich hier wirklich viele Einzelkämpfer. Wer hofft, nette Leute kennen zu lernen, mit denen es sich auch mal zusammenarbeiten lässt, hat große Chancen, mit solch einem Abend zufrieden zu sein. Wer dagegen hofft, große und reiche Kunden zu treffen, muss auf eine Enttäuschung gefasst sein; hier lassen sich wohl eher die kleineren Fische an Land ziehen. Immerhin kann man hier insofern auf potenzielle Kunden treffen, als Visitenkartenpartys in der Regel nicht berufsbezogen, sondern eine wilde Mischung aus Menschen sind, die in allen möglichen Branchen und Berufen arbeiten.

Alternativ zu den Netzwerken, bei denen man persönlich vor Ort entscheidet, gibt es etliche Möglichkeiten, sich im Internet Kollegen und Austausch zu suchen. Für Einzelkämpfer ist es eine segensreiche Entwicklung. Ohne ständig ihren Arbeitsplatz verlassen zu müssen, können sie kommunizieren, wenn ihnen danach ist. Die virtuelle Kommunikation erlaubt ihnen, sich aus ihrer Isolation zu lösen. Wer sich davor fürchtet, allein im Home Office zu arbeiten, sollte sich die Möglichkeiten, die das Internet bietet, besonders genau anschauen. Manche Foren oder Mailinglisten funktionieren so gut und geben ihren Mitgliedern so viel Geborgenheit, dass diese von »virtuellen Großraumbüros« sprechen. Und es ist sicher kein Zufall, dass man hier vor allem auf Einzelkämpfer trifft.

Mailinglisten

Das sind Gruppen, deren Mitglieder per E-Mail miteinander kommunizieren. Es gibt sie inzwischen zu allen erdenklichen Themen. Technisch ist eine Mailingliste ganz leicht ins Leben zu rufen; wer sich einen Eindruck verschaffen will, surfe beispielsweise zu www.yahoogroups.de, wo sich unzählige Listen finden lassen. Hier – und andernorts – kann jeder kostenlos eine Mailingliste gründen oder sich in eine bestehende Liste eintragen. Wer sich umschaut, wird Listen finden, in denen sich Mediziner austauschen, Sozialarbeiter, Lehrer, Journalisten, Internetschaffende, Sozialforscher, Ingenieurinnen, Texterinnen – das Spektrum wächst mit dem Internet. Naturgemäß sind die kommunikativen und die internetbezogenen Berufe etwas früher im Netz vertreten gewesen, doch die anderen haben längst nachgezogen. Sucht man allerdings nach gut funktionierenden Listen, wird es schon etwas schwieriger: Gut funktionierende Listen sind solche, auf denen erstens überhaupt regelmäßig gemailt wird, die außerdem einen zivilisierten und konstruktiven Umgangston pflegen, auf denen sich Mitglieder beteiligen, die auch wirklich was zu sagen haben, bzw. Listen, die überhaupt eine nennenswerte Anzahl von

Mitgliedern haben. Solche Listen finden sich meistens dort, wo die Mitglieder sich rein aus Interesse am zwanglosen Austausch zusammenfinden (z. B. auf der Liste von www.texttreff.de). Etwas ruhiger geht es dagegen meistens auf Listen zu, die von Organisationen, etwa Berufsverbänden oder Vereinen initiiert sind, weil sich hier das eigentliche Leben nicht in der Liste, sondern in den materiellen Zusammenkünften abspielt (z. B. verdi-freie, die Liste der Freiberufler in der Gewerkschaft Verdi).

Für Einzelkämpfer sind gut funktionierende Listen wirklich eine feine Sache. Hier können sie sich Rat und Hilfe holen, wenn es um Sach- und Fachfragen geht wie Honorare, Software, Technik, Zeitmanagement oder Vertragsfragen. In manchen Listen werden auch emotionale Probleme gepostet. Durchhänger bei der Arbeit etwa, Finanzprobleme. Immer wieder die Frage: »Geht euch das auch so?« Oder einfach mal zwischendurch das Geständnis, dass man heute noch nichts geschafft hat. Wie wohltuend, wenn dann im Minutentakt fünf andere Mitglieder das gleiche gestehen! Nachteil der Listen ist, dass man trotz Mitgliederverzeichnis oft nicht genau weiß, wer alles mitliest. Auch hier gilt also, zunächst lieber zurückhaltend zu mailen und erstmal ein bisschen mitzulesen. Im Zweifelsfall kann man einzelne Listenmitglieder privat anmailen, wenn man ein besonderes Interesse an einem Thema entwickelt.

Foren

In Foren passiert im Prinzip das Gleiche wie in den Listen. Sie sind aber oft größer und thematisch breiter angelegt, und sie haben mehr Mitglieder. Dadurch geht zuweilen das Vertrauliche verloren, das manchen Mailinglisten eigen ist, und manchmal laufen Diskussionen aus dem Ruder, weil in solchen größeren Internetforen sehr unterschiedliche Menschen aufeinander prallen. Ansonsten haben Foren im Wesentlichen die gleichen Vor- und Nachteile wie Mailinglisten: Man kann sich Rat und Hilfe suchen, man kann auch mal jammern – man kann sogar die Pausengespräche ersetzen, die man im Single-Büro nicht hat. Wer sich Business-Foren genauer anschaut, findet oft Unterforen, in denen man über private Themen kommunizieren kann. Nicht selten geht es gerade in diesen Foren viel lebhafter zu als in den sachbezogenen Foren.

In einem wesentlichen Punkt unterscheiden sich Foren von Mailinglisten: In ihnen kann jeder Internetsurfer mitlesen. Anmelden oder registrieren muss man sich in der Regel nur dann, wenn man auch schreiben will; lesen kann jedoch jeder alles. Das kann ein bisschen hemmen, sich allzu offen zu äußern, weil man nicht weiß, wer mitliest. Die größere Leserschaft verführt andererseits manche Forenschreiber dazu, sich zu präsentieren und zu profilieren. Auffällig oft und ausführlich antworten Menschen in beratenden Berufen auf Fragen in Foren. Für Leser manchmal nervig, manchmal überzeugend. Für Freiberufler eine Möglichkeit der Selbstdarstellung.

Berufsbezogene Foren findet man einerseits auf den Webseiten von Zeitschriften, die ihren Lesern die Möglichkeit zum Austausch bieten wollen. Frauenzeitschriften (z.B. Brigitte) und Nachrichtenmagazine (z.B. Focus), aber auch Internetjobbörsen haben solche Foren (z.B. www.monster.de), in denen es teilweise recht lebendig zugeht. Freilich posten hier alle Berufsgruppen wild durcheinander. Immerhin gibt es manchmal noch Unterabteilungen, in denen sich z.B. Freiberufler oder Selbstständige über ihren Alltag austauschen (z.B. bei Brigitte.de); hier können dann auch Einzelkämpfer die passenden Partner für den Austausch über ihre Themen finden.

Darüber hinaus gibt es auch Foren, die sich ausschließlich beruflichen Themen widmen. Besonders interessant für Neulinge unter den Einzelkämpfern sind natürlich die Existenzgründerforen, die sich auf den einschlägigen Webseiten finden (zum Beispiel www.g-i-t.de). Aber auch für gestandene Einzelkämpfer gibt es verschiedene interessante Adressen. Da ist etwa die Community der IT-Projektbörse Gulp (www.gulp.de), in der sich die Freiberufler aus der IT-Branche austauschen. Oder die Businessforen von und für Frauen, zum Beispiel femity (www.femity.net). Das für Einzelkämpfer aus allen Berufen vermutlich größte Forum ist openBC (www.openbc.com), was übersetzt und ausgeschrieben »offener Businessclub« bedeutet. OpenBC ist eine Plattform, die nur aus Foren besteht. Einerseits kommuniziert man über Themen wie Bildungsmanagement, flexible Arbeit oder IT-Zertifizierung, um nur drei von mehr als hundert zu nennen. Andererseits tauscht man sich branchenbezogen aus – Banken, Call Center, Medizintechnik, Preisvergleichsportale sind Beispiele aus den mehr als achtzig Branchenforen. Weitere Foren dienen regionaler Kontaktaufnahme, befassen sich aber auch mit Freizeit, Politik oder Kultur. Wer sich bei openBC anmeldet, stellt auch ein Profil von sich auf die Plattform – denn das ist schließlich Sinn der Sache: sich kennen zu lernen.

Wer längere Zeit in Foren oder Listen unterwegs ist, wird einzelnen Menschen immer wieder begegnen und irgendwann auch welche von ihnen kennen lernen. Dann entwickelt sich aus der Struktur ein richtiges informelles Netzwerk; dafür lohnt es sich, ein bisschen Geduld für die Unzulänglichkeiten der virtuellen Räume aufzubringen.

Für welche Art der Vernetzung man sich nun entscheidet, ob man selbst ein Netzwerk aufbauen oder sich in bestehende Netze integrieren möchte: Unbedingt muss man mit klaren und realistischen Erwartungen an die Sache herangehen. Vernetzung heißt, Kontakte mit einem Mindestmaß an Stetigkeit zu pflegen. Man sieht sich also nicht nur einmal, sondern immer wieder. Ein funktionierendes Netzwerk besteht aus Mitgliedern, die sich kennen, die regelmäßig miteinander kommunizieren. Wie sonst will man sich gegenseitig helfen und kooperieren, wenn man sich nicht kennt und nicht einschätzen kann, mit wem man es zu tun hat? Je nachdem, wie locker ein Netzwerk funktioniert, wird man sich häufig oder selten treffen – das spielt für die Qualität eines Netzwerkes nicht die entscheidende Rolle –, aber jedes Mal sind die Kontakte darauf angelegt, dass es ein nächstes Mal gibt. Es bringt deshalb wenig, sich zu einer Networking-Veranstaltung zu schleppen, nur weil man fragen will, wo es billige Visitenkarten gibt. Solche Fragen kann man überall stellen, dafür braucht man kein Netzwerk. Das Netzwerk leistet viel mehr: Die Mitglieder informieren sich gegenseitig über Branchengeflüster, Gerüchte oder handfeste Neuigkeiten. Sie tauschen Erfahrungen aus, vermitteln Kontakte. Sie kennen sich und sind einander potenzielle oder schon erprobte Kooperationspartner für den Fall, dass ein Auftrag mal zu groß ist. Netzwerker tauschen Marktinfos und Insiderwissen aus, und manche finden auch eine persönliche Ebene zueinander, trösten sich gegenseitig über Reinfälle hinweg und machen sich Mut, wenn es Probleme gibt.

Diese Stetigkeit, dieses Eingebundensein, ist für Einzelkämpfer so besonders wertvoll, weil es nachhaltig die Einsamkeit mildert und nicht das Gefühl aufkommen lässt, ganz allein zu sein. Im Netzwerk kann man sich Rat holen und sich umhören, wenn man zum Beispiel Auskunft über einen potenziellen Kunden benötigt. Später kann man dann die gleichen Bekannten noch einmal anrufen, um mit ihnen die Freude zu teilen, dass mit ihrer Hilfe das Geschäft geklappt hat. Umgekehrt ist es auch ein schönes Gefühl, wenn man selbst von Bekannten angerufen wird, die eine Auskunft über einen Auftraggeber brauchen, den man auch kennt, oder einen Rat für die Kalkulation ihres Honorars. Weil man gebraucht wird, weil man sich kompetent fühlt, weil man mit seinem Wissen und seiner Erfahrung nicht mehr im luftleeren Raum schwebt, nicht mehr nur für sich und sein Konto lernt und lebt, sondern weil es Menschen gibt, die auch von diesen Kompetenzen profitieren. Kollegen zu helfen, dazu haben Einzelkämpfer in ihrem Berufsalltag sonst naturgemäß wenig Gelegenheit.

Vorsicht ist geboten, wenn das Vernetzen an die Grenzen dessen stößt, was der Einzelkämpfer ertragen kann. Ganz plötzlich können diese Grenzen überschritten werden. Zum Beispiel, wenn er sich im harmlosen Gespräch ganz arglos aus der Deckung wagt und sagt, welches Honorar er üblicherweise für eine bestimmte Leistung nimmt, und sein Gegenüber darauf mit einem verstörten »Waaas, so wenig?« reagiert. Oh, dann möchte er im Erdboden versinken, und plötzlich weiß er wieder ganz genau, warum er lieber allein arbeitet: Weil er einen Schutzraum braucht, weil er sich nicht gerne über die Schulter und noch weniger gerne in die Karten schauen lässt. Viele Einzelkämpfer sind verletzlich, wenn sie kritisiert werden. Zwischenmenschlicher Stress macht ihnen zu schaffen. Sie haben keine Lust auf Konkurrenzgetöse oder Arroganz im Umgang miteinander. Vernetzungsversuche können in solchen Fällen total schief gehen.

Um das zu vermeiden, ist es wichtig, nicht drauflloszustürzen, sondern mit Bedacht das Gelände zu sondieren. Sich zunächst zu vergewissern, was von den Kollegen zu halten ist, ob man sich wohl fühlt und inwieweit man sich öffnen möchte. Sich Zeit zu lassen, sich langsam anzunähern, dem eigenen Tempo entsprechend. Es lohnt sich, sich diese Zeit zu nehmen, behutsam vorzugehen. Vielleicht ein bisschen länger nach den richtigen Leuten und der richtigen Mischung aus Abstand und Nähe zu suchen.

Und es ist wichtig, mit den richtigen Erwartungen auf die anderen Menschen zuzugehen. Es müssen schließlich nicht immer gleich Freundschaften aus jedem Kontakt entstehen. »Sie müssen nicht alle Menschen lieben«, warnen Anni Hausladen und Gerda Laufenberg in ihrem Buch über »Die Kunst des Klüngelns«. Wenn ein Mensch interessante Seiten hat, kann man sich mit ihm in diesen Punkten unterhalten und auch begrenzt kooperieren, auch wenn man andere Züge an ihm vielleicht gar nicht mag. Es muss ja keine Liebe werden, kein Freund, muss kein Mensch sein, mit dem man sich identifiziert. Sondern es geht erstmal nur darum auszuloten, ob man sich gegenseitig in irgendeiner Weise bereichern kann oder nicht. Es ist wichtig, sich klar zu machen, dass man sich nicht näher kommen muss als notwendig. Sondern es reicht völlig aus, auszuloten, ob und in welchen Bereichen man sich gegenseitig weiterbringen kann. Vielleicht könnte der Vielredner ja bei Akquiseproblemen helfen – und umgekehrt richtet man ihm mal eine Datenbank ein? Vielleicht kennt der Angeber, der sich so gerne selber sprechen hört, den Auftraggeber, auf den man schon lange scharf ist, und wenn er so gerne redet, dann stellt man ihm doch gleich mal ein paar interessante Fragen und dafür wird er später vielleicht einen Kontakt zu diesem Auftraggeber herstellen. Man sollte sich nicht quälen in Netzwerken, wenn einem die Atmosphäre und die Mitwirkenden allzu unsympathisch sind. Es lohnt sich aber, zumindest zweimal hinzusehen, wie gut man wirklich mit den Leuten klarkommt.

Andersherum trägt natürlich auch jeder selbst zum Gelingen bei. Wer Umgangsregeln von Foren und Listen missachtet oder als Neuling im Businessclub gleich am ersten Abend an der Tagesordnung herummeckert, wird kaum auf Begeisterung stoßen. Es gehören eben von beiden Seiten etwas Geduld und Fingerspitzengefühl dazu, um miteinander vertraut zu werden und eine tragfähige Beziehung aufzubauen. Aber es lohnt sich.

Denn wenn der Anfang gelungen ist und man sich auf eine Weise integriert hat, die den eigenen Bedürfnissen entspricht, dann kann man anfangen, die wirklich schönen Seiten des Netzwerkens zu genießen. Die schönen Seiten: Das sind die, um deretwillen es sich lohnt, die Anfangshemmung zu überwinden, sich aufzuraffen, zu trauen und auf die anderen zuzugehen: Rat suchen und Tipps geben, Vertrauen schenken und genießen, mitleiden und sich mitfreuen. Mit der Zeit lernt man die Teilnehmer kennen, wird einige mehr und andere weniger mögen. Und zu einigen bekommt man vielleicht einen echten Draht. Daraus erwachsen dann die richtig wertvollen Netzwerke: die, die nur im persönlichen Adressbuch gespeichert sind. Die kein anderer in dieser Zusammensetzung kennt. Menschen, mit denen man sich nach Lust und Bedarf zusammenschließt, bei denen man weiß, woran man ist und für die man vielleicht sogar die Hand ins Feuer legen kann. Wenn man als Einzelkämpfer auf diese Art eingebunden ist, kann das Leben sehr viel leichter werden. Auch wenn man nach wie vor alleine arbeitet.

Theresa, 39
Werbetexterin

Ich frage mich manchmal, was ich täte, wenn es kein Internet gäbe. Ich glaube, dann würde ich eingehen hier in meinem Arbeitszimmer. Ich surfe gar nicht so viel, es sind nur eine Mailingliste und ein Forum, wo ich richtig aktiv bin. Aber dafür spielen diese beiden eine umso größere Rolle für mich. Die Leute da drin sind so was wie Kollegen. Als säße ich nicht zu Hause, sondern in einer Büroetage mit einem langen Flur, und ab zu stecken ein paar Kollegen den Kopf aus der Tür und würden was fragen oder ein Schwätzchen halten. Manche aus der Liste haben auch schon richtig zusammengearbeitet. Wenn ich Kollegen sage, ist das nicht ganz korrekt, ich sollte lieber von Kolleginnen sprechen. Denn beide Netzwerke sind Frauennetze. Ich weiß ehrlich gesagt gar nicht, warum, denn ich habe darauf nicht geachtet, als ich am Anfang herumgesurft bin und mir die verschiedenen Foren angesehen habe. Ich bin einfach bei den Frauen hängen geblieben. Vielleicht ist der Ton dort vertrauensvoller oder vielleicht sind das eher die Themen, die mich auch interessieren?

5.

Wenn es hart auf hart kommt: Entscheiden, wie es weitergeht

Probleme sind dazu da, um gelöst zu werden, lautet ein beliebter Wahlspruch unserer Zeit. Doch manche Probleme sind so übermächtig, dass sie sich nicht mehr lösen lassen. Das erleben große Unternehmen, aber erst recht die kleinen Ein-Personen-Unternehmen, die es gerade in wirtschaftlich unsicheren Zeiten besonders schnell aus der Bahn wirft. Finanzielle Einbrüche und Umsatzschwankungen gehören zu den großen Problemen der kleinen Krauter, und wenn die Flaute nur lange genug anhält, muss manch einer das Handtuch werfen. Dabei resignieren manche Menschen vielleicht zu früh, andere geben erst auf, wenn wirklich gar nichts mehr zu retten ist. Oft bleibt am Schluss dieser nagende Zweifel, ob man vielleicht selbst schuld ist, irgendwas falsch gemacht hat und allein überfordert war? Aber wie erkennt man, ob man noch etwas tun kann oder ob es wirklich unmöglich ist, etwas zu retten?

Kein Geld, kein Glück: Wenn nichts mehr geht

Heidrun war wirklich fleißig. Jeden Tag hat die Immobilienmaklerin sich ans Telefon gesetzt, hat im Internet und in Zeitungen den Wohnungsmarkt studiert, hat potenzielle Mieter und Käufer angerufen und unerschütterlich den Immobilienbesitzern angeboten, ihre Wohnungen zu vermitteln. Jeden Tag, jede Woche. Monatelang hat Heidrun sich gekümmert und gekämpft. Als nach acht Monaten noch kaum ein Geschäft lief, hat sie einen Kredit aufgenommen, um es weiter versuchen zu können. Und dann hat sie noch ein Dreivierteljahr gekämpft. Dann war der Kredit aufgezehrt und an Rückzahlung nicht zu denken, und ihre Eltern hatte Heidrun auch schon angepumpt: Jetzt war einfach Schluss. Heidrun war pleite und verschuldet. Sie konnte einfach nicht mehr weitermachen und hat den bitteren Weg zum Sozialamt angetreten. Sie ist gescheitert mit ihrem Versuch, sich als Immobilienmaklerin zu etablieren, weil der Markt, den sie erobern wollte, schon ziemlich eng war. Große, eingesessene Makler hatten ganze Stadtviertel unter sich aufgeteilt. Für Heidrun blieben nur kleine Vermittlungen übrig, von denen sie einfach nicht existieren konnte.

Kein Geld mehr, kein Glück gehabt, und irgendwann ist Schluss: Das ist etwas, vor dem sich wohl jeder fürchtet, der einen Alleingang wagt. Und es ist ein bitteres Ende. Ihm gehen viele Wochen, oft Monate, manchmal Jahre voraus, in denen man sich Sorgen macht, Niederlagen und Rückschläge verkraften muss. Einzelkämpfer sind dabei von den Unwägbarkeiten der wirtschaftlichen Unsicherheit besonders betroffen. Schon seit Jahren lagern große Konzerne das Risiko für Umsatzflauten aus, indem sie Teile ihrer Produktion oder Dienstleistung nicht mehr selbst herstellen, sondern von Zulieferern einkaufen. Das betrifft Türriegel in der Autoindustrie, die von Kleinstbetrieben produziert werden, ebenso wie PR-Kampagnen, die von Agenturen gestaltet werden, die ihrerseits wiederum Unteraufträge an freie Mitarbeiter vergeben. Leidet das große Unternehmen dann unter einem Umsatzrückgang, dann erteilt es einfach weniger Aufträge – erste Leidtragende sind die kleinen Unternehmen und die freiberuflichen Einzelkämpfer am Ende dieser Ketten, die plötzlich ohne Arbeit dastehen. Sie können solche Einbrüche nur verkraften, wenn sie verschiedene Auftraggeber haben und ausweichen können. Allerdings ist es nicht so einfach, als Einzelperson auf verschiedenen Hochzeiten zu tanzen, denn manche Aufträge lasten eine Einzelperson schon mal Monate lang aus; da kann man nicht nebenbei noch andere Kunden bei der Stange halten. Immerhin, wer wenigstens mehrere Kunden hat, wird es leichter haben, neue Aufträge zu akquirieren, wenn ein Auftraggeber wegbricht.

Nicht selten kommt es jedoch vor, dass einer ganzen Branche der Wind ins Gesicht bläst. Der Weiterbildungsbranche ist es beispielsweise so ergangen, nachdem die Arbeitsämter die Förderung für Fortbildung zusammenstrichen und gleichzeitig die allgemeine Wirtschaftskrise fast alle Unternehmen zu Sparmaßnahmen veranlasste. Die Folge: Überall wurden Kurse und Seminare gestrichen. Etliche Bildungsinstitute mussten schließen oder sich verkleinern. Leidtragende waren letztlich die Dozenten, die auf Honorarbasis die Seminare für die Institute durchführten und die nun nirgends mehr eingekauft und bei den verbliebenen Angeboten mit drastischen Honorarkürzungen konfrontiert wurden. Solchen Entwicklungen können Einzelkämpfer kaum etwas entgegensetzen. Viele verdienen zu wenig, um so große Rücklagen zu bilden, dass sie monatelang ohne Aufträge durchhalten, und wenn es gar um mehrere schlechte Jahre geht, dann ist das Ende der Fahnenstange schnell erreicht. Knapp die Hälfte aller Insolvenzen ging im Jahr 2004 auf das Konto von Freiberuflern und kleinen Gewerbetreibenden. Einzelkämpfer überleben Krisen nur, wenn sie ein ererbtes oder in früherem Angestelltendasein erworbenes Polster ihr Eigen nennen oder sich über finanziellen Rückhalt in der Familie freuen können.

Und selbst dann bleibt immer noch der Frust über das Scheitern. Dem Ende einer Tätigkeit gehen meist Wochen, Monate, manchmal Jahre voller Sorgen und Rückschläge voraus, in denen man Schritt für Schritt zurücksteckt, Hoffnungen begräbt, Kämpfe verliert und auch Kraft: Lange Durststrecken erschöpfen und zehren aus. Die Betroffenen fangen an, sich wie Versager zu fühlen. Alle um sie herum packen es doch – wieso gerade sie nicht? Einzelkämpfer laufen Gefahr, sich ganz persönlich und individuell verantwortlich für das Scheitern ihres Projektes zu fühlen. Einzelkämpfer in Schwierigkeiten verheimlichen ihrer Umgebung oft aus Scham ihre Probleme oder sie meiden einfach die glücklicheren Mitmenschen, weil der Anblick von Menschen, bei denen gerade alles klappt, ihnen noch mehr das Gefühl gibt zu versagen. So freilich bleibt ihnen auch die Einschätzung anderer Menschen vorenthalten, die sie vielleicht entlasten könnte, der Trost, dass jemand zu ihnen sagt: »Hey, es ist wirklich schwierig, mach dir keine Vorwürfe, und ich kenne noch mehr Leute, bei denen es gerade nicht rund läuft.« Und selbst wenn sich Einzelkämpfer solchen Trost doch holen: Zeiten, in denen es schlecht läuft, sind Zeiten voller Ängste, Hilflosigkeit und Sorgen um die Zukunft. Nachts wach liegen und sich fragen, woher das Geld für die nächste Miete kommen soll, ist nicht gerade witzig. Wer viele solcher Nächte hat, ist irgendwann fertig mit den Nerven, verliert sein Selbstvertrauen, seinen Mut und seine Zuversicht. Das macht es dann erst recht schwer, sich den ohnehin schwierigen Problemen zu stellen. Am Ende können solche Zustände sogar körperlich und seelisch krank machen. Sie lösen vielleicht Kreislauf- oder Herzbeschwerden aus, sie können auch zu Alkoholproblemen oder Tablettensucht führen; nicht selten gehen Liebesbeziehungen, Familien oder Freundschaften daran kaputt.

Abgesehen von den persönlichen Schwierigkeiten kann eine Dauerkrise auch strategisch fatale Folgen haben. Wer etwa eine Promotion versucht und sich dann jahrelang mit ihr herumschlägt, aber nicht fertig wird, vergeudet auch beruflich wichtige Jahre, in denen er andernorts vielleicht mehr erreicht hätte. Am Ende ist man immer ein paar Jahre älter. Wer sich aus dem Einzelkämpferdasein lösen und lieber eine Stelle suchen möchte, verliert mit jedem Jahr einen Teil seiner Chancen auf dem Arbeitsmarkt. Wer lange ein Geschäft betreibt, das nicht läuft, zehrt seine finanziellen Reserven auf, die er andernorts vielleicht gewinnbringender hätte investieren können. Wer zu lange auf Aufträge hofft, verpasst am Ende sämtliche Züge und hätte stattdessen besser eine Fortbildung gemacht, um sein Know-how auf den neuesten Stand zu bringen und dann vielleicht mit einer anderen Dienstleistung erfolgreicher zu sein. Schließlich kommt noch die perfide Besonderheit dazu, dass, wer einmal zahlungsunfähig war, anschließend nirgends mehr Vertrauen und Kredit bekommt.

Hätte, könnte, würde – und andererseits verpasst ja auch Chancen, wer zu früh aufgibt. Durststrecken gehören dazu, heißt es, und wer sich selbstständig macht, muss sowieso auf ein paar brotlose Jahre eingestellt sein, bis das Geschäft richtig läuft. Also ist die Devise immer erstmal, nicht gleich die Flinte ins Korn zu werfen, sondern die Zähne zusammenzubeißen und durchzuhalten. Die Schwierigkeit einzuschätzen, ob man noch durchhalten soll oder lieber den geordneten Rückzug antritt, ob es noch Sinn hat zu kämpfen und wie es um die eigenen Kräfte steht. Die Angst, einen Fehler zu machen, Zweifel und Ungewissheiten machen Krisenzeiten für Einzelkämpfer besonders schwer. Aber wie erkennt man, wann Schluss ist? Wie kann man sicher sein, dass es keinen Sinn mehr hat, es nochmal zu versuchen? Woher soll man wissen, ob es wirklich keine Hoffnung mehr gibt?

Analyse: Pech gehabt oder selber schuld?

Es war nur ein kleiner Akquiseanruf, der auch nur ein bisschen schief lief – der potenzielle Kunde hatte schlechte Laune und wimmelte wahrscheinlich schon den ganzen Tag unhöflich Leute ab, die etwas von ihm wollten. Normalerweise hätte Heidrun, die Immobilienmaklerin, mit den Schultern gezuckt und den Anruf in der Rubrik »schlecht gelaufen« in die Spalte »aber nicht meine Schuld« eingetragen und abgehakt. Aber als sie dieses Mal den Hörer auflegte, wusste sie plötzlich ganz genau: Das war's, ich höre auf. »Ich bin mit einem Schlag innerlich ganz ruhig geworden«, erinnert sich Heidrun. »Ich hatte einfach die absolute Gewissheit, dass ich diese Arbeit nicht eine Minute länger fortsetzen wollte. Mir ist eine riesige Last von den Schultern gefallen.« Es war das Ende der langen Durststrecke, in der Heidrun vergeblich versucht hatte, als Immobilienmaklerin Fuß zu fassen. »Lange Zeit hab ich mir den Rückzug einfach nicht gestattet«, sagt sie. »Ich dachte, es liegt an mir, ich müsste nur mehr tun, mich irgendwie geschickter anstellen, und dann boxe ich mich schon irgendwie rein. Aber es wollte und wollte einfach nicht klappen.«

So eine klare Erkenntnis, wie Heidrun sie hatte, ist etwas Beneidenswertes; allerdings stand diese Erkenntnis am Ende eines langen, kräftezehrenden Ringens mit den Widrigkeiten eines schwierigen Marktes. Hätte Heidrun eher resigniert, dann wäre wenigstens ihr Schuldenberg etwas kleiner. Aber hinterher ist man natürlich immer schlauer. Manche Menschen reiten sich noch viel tiefer ins Elend als Heidrun es tat, weil es ihnen so schwer fällt, ihre Lage richtig einzuschätzen.

Ob ein Vorhaben gelingt oder scheitert, liegt entweder an äußeren Faktoren oder an inneren, und natürlich kann es auch eine Mischung sein. Das gilt für alle Unternehmen, egal ob sie von einer Einzelperson betrieben werden oder ob es sich um einen großen Konzern handelt. Und wenn man Probleme hat und Lösungen sucht, ist es wichtig, genau zu analysieren, wo die Ursachen der Probleme liegen.

Grundsätzlich stellt sich bei wirtschaftlichen Projekten immer die Frage, ob es einen offenen Markt gibt mit einer ausreichenden Zahl von Käufern für die Produkte und Dienstleistungen, die man anbietet. Und ob sie auch den Preis zahlen, den man braucht, damit sich das ganze Unternehmen rechnet. Wenn niemand Autos kauft, müssen große Werke schließen, und wenn bereits jeder eine Homepage hat, geht etlichen Webdesignern die Puste aus. Einzelkämpfer wie große Unternehmen sind darauf angewiesen, dass ihr Absatzmarkt funktioniert, dass die Preise bzw. Honorare stabil sind und dass sie für ihren Einsatz genug Geld bekommen. Märkte können zusammenbrechen – durch Übersättigung, wenn zu viele Produkte angeboten werden. Oder durch Konkurrenz – wenn plötzlich die gleiche Dienstleistung von Mitbewerbern für die Hälfte des Preises oder sogar nur einen Bruchteil angeboten wird, so dass man sich, wenn man da noch konkurrieren will, trotz genügend Aufträgen oder Nachfrage gar nicht mehr von den Einnahmen ernähren könnte. Wie will beispielsweise die Inhaberin des Ladens für gebrauchte Kinderkleidung mit den Schleuderpreisen mithalten, mit denen sich in der Einkaufsstraße 200 Meter weiter drei große Kaufhäuser gegenseitig die Kunden abjagen? Wie soll sie noch ihre Miete zahlen? Rücklagen wie die großen Konkurrenten, um solche Preiskämpfe durchzustehen, hat sie nicht; auch die großen Häuser selbst kommen nicht immer unbeschadet aus solchen Preisschlachten heraus.

Die Ladeninhaberin heißt Susanne, und sie hat ihren Laden schließlich geschlossen. Es war schon der zweite Standort. Zuerst betrieb sie ihren Laden in einer Gegend mit einer finanziell eher schlecht situierten Kundschaft. Dort kauften die Leute im Grunde gerne bei ihr. Aber als das Einkommensniveau in der Gegend immer weiter zurückging, konnte Susanne nur noch die ganz billigen, total verwaschenen und halb zerfledderten T-Shirts für 2 Euro pro Stück absetzen. Hübschere Stücke wurden dagegen zu Ladenhütern. Mit den Zwei-Euro-Shirts allein machte Susanne aber zu wenig Umsatz. Sie zog deshalb einmal um, in die Seitenstraße einer Fußgängerzone, und hoffte, dort von der Laufkundschaft der Warenhäuser zu profitieren. Doch hier tobte der erwähnte Preiskampf; es gab so viel billige Neuware, dass nur noch wenige Kunden überhaupt in den Secondhandladen kamen. Susanne probierte es daraufhin noch mit etwas teurerer Neuware, doch auch dafür gab es in der Fußgängerzone Konkurrenz – größere Geschäfte mit entsprechend mehr Auswahl, als Susanne sie bei sich unterbringen konnte. Deshalb gab Susanne schließlich auf: »Mir ist einfach nichts mehr eingefallen, das ich noch hätte versuchen können.«

In ihrem Fall ist ziemlich klar, dass es wenig Sinn gehabt hätte, den Laden an diesem Ort weiterzubetreiben, zu einer Zeit, in der der gesamte Einzelhandel von Umsatzkrisen geschüttelt war. Es waren äußere Faktoren, die das Scheitern des Geschäftes verursachten. Susanne sieht die Schuld nicht bei sich. Sie verstand sich gut mit ihren Kundinnen, sie kannte sich mit der Ware aus und wusste über Trends Bescheid. Sie hat sich nicht verkalkuliert, sie hat ziemlich viel Werbung gemacht und sie hatte die richtigen Öffnungszeiten. Es hat ihr auch nichts ausgemacht, dass sie immer allein im Laden stand. »An mir liegt es nicht«, resümiert sie mit beneidenswerter Klarheit. Das Einzige, was sie sich noch fragt, ist, ob sie ein schlechtes Gefühl für Standorte hat; aber anderen ergeht es ja nicht besser. Ansonsten würde sie von sich aus, mit sich selbst als Geschäftsführerin und auch ganz allein jederzeit wieder einen Laden aufmachen, wenn sie den Eindruck hat, dass es eine ausreichende Kundschaft dafür geben könnte. Und vielleicht macht sie das auch.

Wenn äußere Einflüsse die Krise hervorrufen, dann ist es meistens sinnlos, noch weiterzukämpfen, es sei denn, es gibt begründete Hoffnung, dass sich das Blatt doch noch wenden könnte. Weniger leicht fällt die Entscheidung, ein Vorhaben aufzugeben, wenn die äußeren Umstände eigentlich günstig oder jedenfalls nicht so eindeutig schlecht sind, sondern wenn man vermuten muss, dass man selbst schuld ist. Dann sind es innere Faktoren, die ein Projekt zum Scheitern bringen oder einer Existenz die Grundlage entziehen. An selbst verursachten Problemen zu scheitern, passiert nicht nur Einzelkämpfern. Auch große Unternehmen sind nicht davor gefeit, Preise zu hoch oder zu niedrig anzusetzen, zu teuer zu investieren oder ungeschickte Werbestrategien einzusetzen. Da kann es passieren, dass die Entwicklungsabteilungen und die Produktion hervorragende Arbeit leisten und Spitzenprodukte herstellen, aber dann die fabelhaften Produkte in den falschen Medien beworben oder mit einem unpassenden Image versehen werden.

Bei Ein-Personen-Unternehmen sehen solche Irrwege so aus, dass sie zu hohe oder zu niedrige Honorare fordern und sich damit entweder um Aufträge bringen oder mit viel Arbeit zu wenig verdienen. Oder sie mieten ein repräsentatives, aber zu teures Büro, bevor die Umsätze entsprechend sind. Vielleicht fällt auch der Dienstwagen dicker aus als die Geschäfte. Bei Einzelkämpfern fällt überdies ins Gewicht, dass nicht jeder Mensch alles gleich gut kann. Es gibt begnadete Tüftler, die schlecht akquirieren; Ärzte, die zwar fachlich Hervorragendes leisten, aber durch übermäßig autoritäres Verhalten ihre Patienten vergraulen; kreative Köpfe, die sich und ihren Kunden mit Strukturlosigkeit und Unordnung das Leben zur Hölle machen.

Pech für die Einzelkämpfer ist nur, dass sie mit ihren Unzulänglichkeiten weiterleben müssen. Ein Unternehmen kann Personal austauschen, eine Abteilung vergrößern, wenn ihre Kapazitäten nicht ausreichen, und sie verkleinern, wenn sie mehr Chaos als Ergebnisse produziert. Ein Einzelkämpfer, der zum Chaos neigt, muss damit umzugehen lernen. Er kann sich nicht verdoppeln, wenn er überlastet ist – seine Tage haben nur 24 Stunden, dann ist Schluss. Manche Probleme lassen sich durch Kooperation oder Einkauf von Dienstleistungen beheben – Buchhaltung beispielsweise kann man auslagern, und seit ein paar Jahren gibt es sogar professionelle Aufräumer, die gegen Geld Ordnung in Wohnungen und Büros bringen. Doch bei aller Phantasie der Dienstleistungsgesellschaft: Alles lässt sich nicht mit Zukauf regeln. Schließlich müssen die Gewinne, aus denen man die Dienstleistungen bezahlt, erstmal erwirtschaftet werden.

Und es gibt Dienstleistungen, die man nicht so leicht einkaufen kann, weil sie zu persönlich sind. Akquise zum Beispiel müssen Einzelkämpfer oft selbst betreiben, weil ihre Dienstleistung erklärungsbedürftig und so individuell ist, dass sie als Person selbst dahinter stehen müssen. Doch für sich selbst zu werben, fällt vielen Menschen schwer. Noch immer verzichten manche Freiberufler auf eine Website, auf der Kunden einen Eindruck bekommen könnten, wer sie sind und was sie tun. Viele Einzelkämpfer sind auch unbeholfen, wenn es darum geht, eine gute Bezahlung zu fordern. Sie geben sich mit viel zu bescheidenen Tagessätzen zufrieden und vergessen dabei völlig, dass sie davon auch an Tagen leben müssen, an denen sie keine Aufträge haben oder ihre Steuererklärung machen oder in Urlaub fahren oder neue Aufträge akquirieren. Sie lassen sich einschüchtern von den Horror-Berichten anderer Freiberufler, die für noch weniger Geld arbeiten. Oder sie halten sich für minderwertige Anfänger und trauen sich einfach nicht, ein ordentliches, professioneller und qualifizierter Arbeit angemessenes Honorar einzufordern. Sie haben dann zwar Aufträge, aber sie werden nicht gut genug dafür bezahlt, dass sie sich auch noch anstrengen, Qualität zu produzieren. Dies kann bis zum Burn-Out-Syndrom führen oder ein ständiges Lavieren am Existenzminimum bedeuten, was mit der Zeit auch ziemlich zermürbend ist.

Solche Probleme sind prinzipiell veränderbar; anders als ein zusammengebrochener Absatzmarkt scheint man es selbst in der Hand zu haben, die Ursachen des Misserfolges zu bekämpfen, wenn man sie bei sich selber suchen kann. Doch dieser Schein kann trügen. Eine Website zum Beispiel: Ja, die kann man relativ schnell bauen oder bauen lassen. Und man könnte beim Honorar wirklich mal eins draufsetzen und etwas mehr Geld fordern. Aber: Funktioniert das wirklich? Passt es wirklich zu einem eher zurückhaltenden Menschen, mit einer Website auf sich aufmerksam zu machen? Wird er sie vielleicht erstellen, weil ihm das geraten wurde, aber dann niemanden von ihrer Existenz in Kenntnis setzen? Wird er sich überhaupt einigermaßen geschickt, offen und ansprechend darauf vermarkten können? Liegt ihm das überhaupt? Eine Frage, die sich beim Thema Honorarverhandlung fortsetzt: Wie viel kann man tatsächlich erreichen? Wie fest ist die Stimme, wenn man erklärt, dass man zum bisherigen Preis nicht weiter arbeitet? Vielleicht zittert sie, weil man fürchtet oder gar fest überzeugt ist, der Auftraggeber werde jetzt mit vernichtenden Worten zum Gegenschlag ausholen und einem unmissverständlich klarmachen, dass man ein Würstchen sei? Wenn die Stimme nur deutlich genug zittert, dann fordert man eine solche Reaktion vielleicht geradezu heraus. Wieso auch sollte ein Auftraggeber Vertrauen in die Leistung von jemandem gewinnen, der scheinbar von seinen eigenen Leistungen nicht überzeugt ist, und dafür auch noch bezahlen?

Johannes, 43
IT-Spezialist

Ich hab mich selbstständig gemacht, als der IT-Hype auf seinem Höhepunkt war. Das war Ende der 90er. Da hat jeder, der auch nur das Wort Internet buchstabieren konnte, sofort einen super Job gehabt. Jeder, außer mir. Ich hatte mich auf die Programmierung von Datenbanken spezialisiert. Ich kenne mich wirklich damit aus. Ich hätte eigentlich steinreich werden müssen. Aber ich hab es einfach nicht gepackt. Ich stand am Ufer des Flusses und schaute zu, wie die anderen die dicken Fische fingen. Es klappte einfach nicht bei mir. Aber ich wollte es nicht wahrhaben. Während überall Geld ohne Ende verdient wurde, saß ich in meiner Bruchbude und hab alte Rechner aus Ersatzteilen zusammengeschraubt, damit ich wenigstens mal ein Angebot erstellen konnte.

Meine Freunde konnten auch nicht glauben, dass mein Geschäft nicht lief. Leider! Sie haben mich netterweise ermutigt und bestärkt, und so hab ich selber auch geglaubt, dass ich nur ein bisschen Pech hätte und dass ich ein bisschen offensiver sein müsste. Das habe ich auch zu hören bekommen. Tja, und die fatale Folge dieser Annahmen war, dass ich viel zu lange glaubte, ich hätte alles selbst in der Hand. Im Endeffekt bin ich total abgestürzt, hatte keine Kohle mehr, wurde krank, und dann ging gar nichts mehr. Da haben meine Freunde auch begriffen, dass ich nicht nur ein bisschen Pech hatte, sondern dass es richtig schief lief. Und vor allem hab ich es dann auch eingesehen. Mein Problem ist, dass ich mein Wissen nicht rüberbringe. Ich kann schlecht erklären, ich kann mich nicht gut in meine Kunden hineinversetzen – die verstehen einfach nicht, was ich meine.

Nachdem ich wieder auf den Beinen war, habe ich zum Glück einen Geschäftspartner gefunden, der diese Kommunikationsschiene übernommen hat. So sind wir jetzt zu zweit leidlich erfolgreich. Alleine hätte ich es nie geschafft und würde es auch nie wieder versuchen.

Der Mensch an sich ist ja lernfähig und kann versuchen, mit seinen Problemen fertig zu werden; immer gelingt das aber nicht. Die Frage ist, wie viele Versuche man wagt und wann man lieber aufgibt. Wer wirft schon gerne verfrüht die Flinte ins Korn und bringt sich um die Chance, etwas zu tun, an dem ihm viel liegt? Andererseits ist es schlecht, wenn man so lange wartet, bis man gar kein Geld mehr hat oder der Ruf völlig ruiniert ist, bevor man eine Sache aufgibt. Das Problem für Einzelkämpfer ist freilich, Klarheit darüber zu bekommen, ob ihre Finanznöte oder sonstigen Schwierigkeiten nun wirklich an ihnen liegen oder ob es nicht doch der Markt ist, der nicht mehr hergibt. Wenn man vorhatte, größere Projekte anzugehen, und das nicht geklappt hat: Ist das dann wirklich ein Akquiseproblem, hat man es einfach falsch angepackt? Oder liegt es nicht doch am Markt, auf dem die großen lukrativen Aufträge so rar gesät sind, dass es einem glücklichen Zufall gleicht, wenn man doch mal einen Auftrag an Land zieht? Die Antwort auf solche Fragen ist eine Herausforderung, denn Einzelkämpfer können sich zwar mit Freunden oder Fachkollegen beraten, aber letzten Endes müssen sie schon selbst beurteilen, ob sie es sich zutrauen, das Ruder nochmal herumzureißen.

Die vielleicht größte Herausforderung dabei ist, wirklich ehrlich zu sich zu sein. Nicht selten geht der großen Durststrecke ein gewisser Größenwahn voraus: Viele Menschen machen sich selbstständig, obwohl sie um die Schwierigkeiten wissen, die ihnen der Markt in rezessiven Zeiten bereiten wird. Manche helfen sich über die Angst vor dem Scheitern mit einer ganz besonderen inneren Haltung hinweg: Sie ernennen sich zu Überfliegern. Sie überschätzen gnadenlos ihre eigenen Fähigkeiten. Der Solo-Trip wird dann zum Versuch, sich über die irdischen Probleme hinwegzusetzen. Aus dem Elend der alltäglichen Kämpfe herauszukommen und sozusagen im Überflug durch die ihnen eigene Genialität die Probleme hinter sich zu lassen. An dieser Stelle eines realistischen Krafteinsatzes gegen widrige Umstände tritt eine Vorstellung von sich selbst als Ausnahmegestalt, die in Wahrheit freilich eine reine Fluchtfantasie ist. »Wenn ich mich anstrenge, schaffe ich das auch«, lautet dann die Devise – passend zum Ideal der Marktwirtschaft, dass jeder seines Glückes eigener Schmied sei, was dadurch bestätigt zu sein scheint, dass im Einzelfall so ein Überflug tatsächlich mal gelingt. Berühmtes Beispiel unserer Tage ist die Britin Joanne K. Rowling, die mit ihren Harry-Potter-Romanen alle Verkaufsrekorde gebrochen hat. Sie war Sozialhilfeempfängerin ohne Perspektive und fing einfach an, ihre Geschichten aufzuschreiben. Letztlich wurde sie steinreich damit – ohne sich mit Bildungsgutscheinen vom Arbeitsamt, Hartz IV oder Ein-Euro-Jobs herumschlagen zu müssen. Sie schlug die

Realität mit ihrer Genialität. Sie setzte die Regeln, unter denen die anderen litten, im Alleingang für sich außer Kraft. Sie hat es allen gezeigt, und ihr Beispiel lädt wirklich zum Träumen ein. Aber: Sie ist eine große Ausnahme.

Entscheidungshilfen: Weitermachen oder aufhören?

Sollte, hätte, könnte, würde: Entscheidungen zu treffen, ist nicht leicht, wenn im Kopf das Chaos herrscht. Und das ist in Krisen meistens der Fall – wäre alles ordentlich und übersichtlich, dann müsste man sich ja nicht nachts schlaflos wälzen.

Das erste Problem ist, die Krise als solche überhaupt zu akzeptieren und sich nicht länger vorzumachen, dass im Grunde alles in Ordnung sei und nur ein paar Kleinigkeiten nicht rund liefen. Solche Zustände gibt es natürlich, und es wäre reine Kraftverschwendung, sie jedes Mal zur Grundsatzkrise hochzustilisieren und sich mit den entsprechend grundlegenden Fragen zu zerfleischen. Wenn aber doch zu vieles schief zu laufen scheint, dann ist es an der Zeit, sich ernsthaftere Dinge zu fragen: Kann und soll ich so noch weitermachen? Soll ich mein Projekt aufgeben, meinen Alleingang beenden? Wann der richtige Zeitpunkt für diese Fragen ist, ist eine Ermessensfrage, die letztlich jeder für sich beantworten muss. Trotzdem kann als grober Leitfaden gelten, die Grundsatzfragen lieber zu früh als zu spät zu stellen. Also: Wenn das Geld knapp wird und die Nächte panisch, dann ist es Zeit, etwas zu ändern und herauszufinden, was. Wenn z. B. immer wieder Kunden bzw. Auftraggeber abspringen. Dann stimmt doch etwas nicht, oder?

Innezuhalten, das Gedankenkarussell im Kopf zu stoppen und in Ruhe zu analysieren, was eigentlich los ist, muss ja nicht gleich auf eine Entscheidung auf Leben und Tod hinauslaufen. Zunächst geht es nur darum herauszufinden, was überhaupt los ist.

Hilfreich dafür ist die Beantwortung folgender Fragen:

1. Wie geht es mir?

Das klingt nach Smalltalk, sollte aber jetzt sehr ernst genommen werden: Wie geht es mir? Gut? Wirklich? Oder doch eher schlecht? Oder doch nicht ganz so schlecht? Worin äußert sich mein Empfinden: Bin ich wenigstens zeitweise glücklich und entspannt, schlafe ich wenigstens manche Nächte durch, habe ich genug Geld, habe ich genug Aufträge, arbeite ich mehr, als mir lieb ist, oder weniger?

Aller Wahrscheinlichkeit nach wird die Antwort auf die Eingangsfrage ziemlich negativ ausfallen, sonst hätte man ja kein Krisengefühl. Aber vielleicht ist es bei näherem Betrachten gar nicht so schlimm wie gedacht? Vielleicht hatte man nur das große Ganze etwas aus den Augen verloren?

Auf jeden Fall sollte man sich die Frage sehr ehrlich beantworten. Gewarnt sei nachdrücklich vor normativer Selbstzensur nach dem Motto: Das Geschäft läuft doch, ich hab noch Geld, andere haben viel weniger. Also darf es mir nicht schlecht gehen. Falsch! Jeder hat das Recht sich schlecht zu fühlen, auch wenn die Rahmenbedingungen eigentlich ganz positiv wirken. Es kann ja sein, dass das Geschäft eigentlich gut läuft, aber man sich mit dem täglichen Alleinarbeiten trotzdem sehr unglücklich, vielleicht einsam fühlt oder Ängste hat. Das ist erlaubt, und das muss ernst genommen werden!

2. Wie lange geht es mir schon so schlecht?

Wenn man erst seit ein paar Tagen ein ungutes Gefühl hat, ist das wahrscheinlich ein Zeichen dafür, dass die Krise eher von äußeren Problemen verursacht wurde – vielleicht ist gerade die Nachricht gekommen, dass die Ladenmiete drastisch erhöht wird oder dass der Hauptauftraggeber abgesprungen ist. Dann ist noch offen, ob man sein Projekt aufgeben muss, ob das Alleinarbeiten richtig oder falsch war oder ist. Fühlt man sich dagegen schon seit Wochen oder Monaten schlecht, dann lohnt es sich, tiefer in sich selbst zu blicken – es könnte sein, dass die äußeren Arbeits- und Lebensumstände den inneren Bedürfnissen und Fähigkeiten nicht entsprechen.

3. Warum geht es mir schlecht: Was sind die Auslöser?

Jetzt wird es spannend: Bin ich pleite? Habe ich keine Aufträge mehr? Wenn ja: Warum nicht? Sind es externe Faktoren? Ist mein Absatzmarkt zusammengebrochen, werden plötzlich andere Sachen nachgefragt … Oder liegt es an mir? Habe ich zu wenig akquiriert? Arbeite ich zu lange an den Aufträgen, die ich habe? Arbeite ich effektiv genug? Arbeite ich überhaupt genug? Und wie fühle ich mich dabei: Habe ich vielleicht ständig Kopfschmerzen? Bin ich extrem nervös?

Oder bin ich vielleicht gar nicht pleite, läuft mein Geschäft prima? Ist es »nur« Sorge, diese Situation könnte sich irgendwann mal ändern, Zukunftsangst, deretwegen ich keine Nacht mehr ruhig schlafe und ich mich nicht mehr entspannen kann? Macht mich die Ungewissheit fertig, was nächstes Jahr sein wird?

4. Was müsste sich verändern, damit es mir besser geht?

Aus den Gründen für die Krise folgen logischerweise die Antworten auf diese Fragen: Bräuchte ich mehr Aufträge oder besser bezahlte? Müsste ich mehr akquirieren? Müsste ich mehr und disziplinierter arbeiten?

Vielleicht aber habe ich einfach die falschen Aufträge, und eine andere Arbeit könnte mir besser gefallen. Oder ich könnte besser mit anderen Auftraggebern zusammenarbeiten.

Oder bräuchte ich jemanden, der mich mal in den Arm nimmt und mir die Sorgen nimmt? Einen Kompagnon oder ein Team, das mit mir die Verantwortung teilt?

Würde das meine Probleme lösen?

5. Warum habe ich bis jetzt noch nichts verändert?

Kann ich nichts ändern, weil sich die Ursachen meiner Probleme außerhalb meiner Reichweite befinden – Preisverfall, Honorardumping, Marktkrise?

Könnte ich selber etwas beeinflussen, schaffe es aber nicht? Habe ich es überhaupt schon versucht? Wenn ja, an welchen Punkten bin ich gescheitert? Gibt es noch etwas, das ich versuchen könnte?

Hat man diese Fragen beantwortet, dann stellt man entweder fest, dass man manche Lösungen schon getestet hat und sie sich als nicht umsetzbar erwiesen haben. Vielleicht hat es bei den letzten Versuchen mit der Akquise nie geklappt, und es ist schon klar, so wird es nichts. Dann steht man wirklich an dem Punkt, wo man sagen kann: So geht es nicht weiter.

Oder aber man wird sich ehrlich, vielleicht auch freudig eingestehen, dass es noch Lösungsmöglichkeiten gibt, die man nicht ausprobiert hat. Dann stellt sich die Frage, warum: Angst gehabt? Oder nur Pech? Oder irgendwelche inneren Widerstände? Vielleicht war man zu arrogant, um Leuten seine Visitenkarte in die Hand zu drücken? Vielleicht dachte man, man habe es nicht nötig, eine Anzeige zu schalten oder Kunden direkt anzurufen? Oder vielleicht kommt man jetzt erst darauf?

Wenn Letzteres der Fall ist, muss man sein Projekt, sein Geschäft, seine Selbstständigkeit nicht aufgeben. Dann lohnt sich wahrscheinlich noch ein Versuch, die Zügel herumzureißen.

Die spezielle Frage für Einzelkämpfer ist allerdings: Kann und will ich das alleine schaffen? Kann und will ich überhaupt noch weiter allein arbeiten? Ganz simpel könnte das Problem auftauchen, dass man es aus Kapazitätsgründen allein nicht mehr schafft. Eigentlich ist das Alleinarbeiten kein Problem, es ist sogar schön gewesen, und die Ursachen für die Krise haben wirklich überhaupt nichts damit zu tun. Nun aber ist einfach zu viel zu tun, oder die Lösungswege, die aus der Krise herausführen könnten, erfordern eine Menge zusätzlicher Arbeit, die man selber nicht mehr mit erledigen kann, oder Qualifikationen bzw. Kenntnisse, die man nicht hat und sich auch nicht ohne weiteres schnell aneignen kann. Dann steht eine Entscheidung an, ob man sich nun einen Partner sucht, ob man Unteraufträge vergibt, ob man Mitarbeiter einstellt oder ob man sich doch wieder einen Arbeitsplatz in einem größeren Unternehmen sucht – oder ob man es doch vorzieht, allein zu arbeiten, und noch einmal nach ganz neuen Wegen sucht.

Möglicherweise hat sich bei den grundsätzlichen Analysen aber auch herausgestellt, dass das Alleinarbeiten selbst das Problem ist, dass es einfach nicht richtig funktioniert. Vielleicht bringt man einfach nicht die nötige Disziplin auf, hat keine Ideen, fühlt sich einsam. Hätte, könnte, würde: Das alles hilft nicht weiter, wenn man es trotzdem nicht hinkriegt, weil man so kreuzunglücklich ist jeden Tag allein im Büro, wenn es einfach keinen Spaß macht und wenn auch die beste Vernetzung und aller Austausch mit Kollegen und Freunden einfach nicht vorwärts bringen.

Selbsttest

Der folgende kleine Selbsttest soll einen ersten Anhaltspunkt geben, ob man sich überhaupt für das Alleinarbeiten eignet. Kreuzen Sie jeweils eine Antwort an.

1. Woher habe ich meine Ideen:

Ⓐ Von mir.

Ⓑ Ich übernehme eher die Einfälle von anderen.

2. Ängste:

Ⓐ Ich kann meine Ängste allein bekämpfen.

Ⓑ Ich bekomme meine Ängste ausschließlich mit der Hilfe anderer Menschen in den Griff.

3. Bin ich leicht zu verunsichern?

Ⓑ Ja, leider

Ⓐ Nein.

4. Kommunikation:

Ⓐ Ich komme leicht mit anderen ins Gespräch.

Ⓑ Ich muss immer erst eine persönliche Vertrauensbeziehung herstellen.

5. Macht es mir etwas aus, wenn Menschen meine Produkte oder Leistungen kritisieren, die nichts oder wenig über mich wissen?

Ⓑ Ja, das finde ich unangemessen.

Ⓐ Nein, da stehe ich drüber.

4. Bin ich stolz auf meine Leistungen?

Ⓐ Ja.

Ⓑ Nein, eher nicht.

5. Mit wem rede ich am liebsten über meine Arbeit:

Ⓑ Mit Kollegen.

Ⓐ Mit Freunden.

6. Was befriedigt mich mehr:

Ⓐ Anderen helfen.

Ⓑ Selbst etwas austüfteln.

7. Konflikte:

Ⓑ Ich streite gerne mal.

Ⓐ Ausgetragene Konflikte sind für mich ein Horror.

8. Brauche ich es, gelobt zu werden?
Ⓑ Ja, regelmäßig.
Ⓐ Eher selten.

9. Sonne ich mich gerne in Bewunderung?
Ⓑ Ja, ich genieße das.
Ⓐ Nein, das ist mir eher peinlich.

10. Kann ich auf Anhieb drei Schwächen von mir nennen?
Ⓐ Ja.
Ⓑ Nein.

11. Kann ich beharrlich sein?
Ⓐ Ja.
Ⓑ Nicht sehr.

12. Ich bin ...
Ⓐ ... eher rational und kühl, vielleicht etwas verkopft.
Ⓑ ... eher gefühlsgeleitet, entscheide manches aus dem Bauch heraus.

Zählen Sie jetzt, wie viele A-Antworten Sie angekreuzt haben, und wie viele B-Antworten.

Wenn Sie mehr A-Antworten angekreuzt haben, kommen Sie allein vermutlich ganz gut zurecht. Sie haben eigene Ideen, Ihren eigenen Kopf, fällen Ihre eigenen Urteile und lassen sich von Kritik nicht so leicht irritieren. Sie kommen, zumindest für eine Weile, auch ohne Zuspruch von außen klar und können Durststrecken aus sich heraus durchstehen.

Mit mehr B-Antworten sollten Sie lieber die Nähe zu anderen Menschen suchen. Sie tauschen sich gerne aus, machen sich Gedanken um andere Menschen, hören auf die Urteile anderer und brauchen regelmäßiges Feedback. Sie kommen allein nicht so gut zurecht, aber dafür sind Sie vermutlich ein guter Teamplayer.

Freilich kann solch ein grober Test beziehungsweise die Erkenntnis über die innere Konstellation nur Anhaltspunkte für die Entscheidung über die Richtung geben, in der es weitergehen soll. Die persönliche Eignung ist ein Baustein von mehreren bei der Überlegung, ob man allein arbeitet oder nicht, und sollte deshalb nicht überbewertet werden. Hinzu kommt noch die Frage nach Alternativen – hat man überhaupt eine Wahl? Gibt es denn die Möglichkeit, im Team zu arbeiten? Wird man den passenden Job finden? Oder, im umgekehrten Fall: Hat man allein noch eine Chance? Kann man wirklich schaffen, was man sich vorgenommen hat? Unbedingt in die Entscheidung einzubeziehen ist auch das private Umfeld, das unter Umständen vieles ausgleichen kann, was beim Alleinarbeiten im Büro fehlt. Bewunderung und Feedback zum Beispiel – wer einen geduldigen Lebenspartner oder zugewandte Freunde hat, kann hier vielleicht bekommen, was beim Alleinarbeiten fehlt.

Konsequenzen: Geordneter Rückzug oder aussichtsreicher Neustart?

Wenn die Entscheidung gefallen ist, ob man alleine weiterarbeiten möchte oder ob man sich lieber wieder ein Team, einen Vorgesetzten, eine Arbeitsstruktur, eine Stelle sucht, dann ist der wichtigste Schritt geschafft. Nun heißt es, die getroffene Entscheidung so umzusetzen, dass entweder möglichst wenig Schaden angerichtet wird, wenn man sich zur Aufgabe entschlossen hat, oder dass möglichst viel Aussicht auf Erfolg besteht, wenn man einen Neustart versucht.

Der geordnete Rückzug

Das Projekt, das Unternehmen, die Idee ist gescheitert, ist am Ende. Aber das Leben geht trotzdem weiter! Deshalb sollte man darauf achten, die Selbstständigkeit so abzuwickeln, dass nach außen wie nach innen möglichst wenig Schaden entsteht.

Grundsätzlich ist es sehr hilfreich, die Entscheidung für den geordneten Rückzug möglichst früh zu treffen – also bevor die Finanzen aufgebraucht sind oder ein Gerichtsvollzieher die Möbel aus dem Büro geräumt hat und man seine Zeit auf den Fluren des Sozialamtes verbringen muss, anstatt sich in Ruhe nach neuen Arbeitsmöglichkeiten umsehen zu können. Wichtig ist, genügend Zeit für den Absprung einzuplanen, ihn also rechtzeitig anzugehen. Ein geordneter Rückzug sieht so aus, dass man nicht plötzlich und spontan alle seine Brücken hinter sich abbricht, sondern einen möglichst gleitenden Übergang in eine andere Arbeitssituation schafft. Dabei sind folgende Punkte zu beachten:

1.
Man sollte aus der Geschäftsaufgabe kein Geheimnis machen, sondern Kunden und Fachkollegen frühzeitig und selbstbewusst mitteilen, dass man seine Tätigkeit einstellt. Auch wenn es im ersten Moment peinlich erscheint: Es ist nicht falsch, sondern souverän, möglichst viele Menschen von seiner Geschäftsaufgabe zu informieren. Denn manchmal ergibt sich daraus schon eine neue Chance – wenn jemand gerade einen Partner oder einen Mitarbeiter braucht oder jemand jemanden kennt, der … Man muss ja nicht tränenüberströmt Katastrophenmeldungen verbreiten. Es ist keine Schande einzugestehen, dass die Umsätze zu wünschen übrig lassen, denn das ist keine Seltenheit und kaum bloß eigenes Verschulden. Ein souveräner Umgang mit dem Ende beeindruckt mehr als ein Vertuschen, das immer so verdächtig nach schlechtem Gewissen und Unsicherheit riecht.

2.
Das Geschäft kann offiziell noch weiterlaufen, ohne dass man es noch aktiv betreibt – wenn sich die laufenden Kosten in erträglichen Grenzen halten. Stattdessen widmet man sich schon mal der Suche nach einem Job, einem Team, einem Partner, mit dem man später weiter zusammenarbeiten will, oder man nutzt die Zeit, um sich für die bevorstehende Stellensuche weiterzuqualifizieren. So lassen sich erklärungsbedürftige Leerlaufzeiten im Lebenslauf vermeiden und die Zeit des Übergangs, bis etwas Neues gefunden ist, wird sinnvoll genutzt. Wenn der Absprung dann geschafft ist, gilt freilich auch hier: Nach außen sollte man offen, souverän und fair mit dem Ende umgehen.

3.
Mit genügend Zeit lassen sich auch die Finanzen besser regeln: Man kann in Ruhe seine Büroausstattung oder den Wagen für ei-

nen vernünftigen Preis verkaufen, man kann einen Nachmieter für das Büro oder den Laden suchen, man kann den Mitmietern der Büroetage genug Zeit zur Suche eines Nachmieters lassen. Und wenn es gut läuft, bleibt man finanziell so beweglich, dass man nicht gleich in die Abgründe der sozialen Alimentierung abstürzt, sondern sich noch einigermaßen menschenwürdig unter die Leute begeben kann, um einen neuen Job zu suchen – oder auch, um in Ruhe zu prüfen, ob man für eine neue Tätigkeit noch einmal Fördermittel beantragen möchte, ob man beispielsweise noch irgendwelche Ansprüche gegenüber der Arbeitslosenversicherung hat, ob man einen Kredit braucht oder umschulden möchte – je nachdem, in welcher Situation man seine Geschäftstätigkeit aufgibt und ob man schon Ideen für die Zeit danach entwickelt hat.

Doch nicht nur die Kunden und die Finanzen sollten möglichst unbeschadet bleiben, sondern man sollte auch gut und sorgsam mit sich selber umgehen. Eine Firma zu schließen, einen Laden dichtzumachen, das tut meistens weh. Auch wenn vielleicht eine Last von einem fällt, so hat man doch einen Traum aufgeben müssen. Manchmal ist der Schmerz mit der Entscheidung, Schluss zu machen, vorbei. Manchmal fängt er dann erst richtig an. In solchen Fällen ist es wirklich wichtig, Zeit zu haben. Vor allem, um innerlich stark zu bleiben für das, was nun kommt: einen Neuanfang in einem Team zu schaffen oder überhaupt irgendeine Stelle zu finden, vielleicht eine Weile mit sehr wenig Geld auszukommen. Wichtig für das seelische Gleichgewicht ist:

4.
Man sollte genau wissen, woran man gescheitert ist, warum man das Alleinarbeiten beendet hat. Wenn das nicht sonnenklar und eindeutig ist, heißt das, sich hinzusetzen, noch einmal über die Ursachen nachzudenken. Es lohnt sich wahrscheinlich, das schriftlich festzuhalten – in nüchternen Stichworten, oder, gefühlvoller, als Brief an sich selbst. Oft hilft es, mit Freunden zu sprechen. Es gilt einfach, die Erfahrung des Scheiterns gut zu ver-

arbeiten. Denn wenn das nicht gelingt, besteht die Gefahr, dass man immer einen Ballast aus unguten Gefühlen, Selbstzweifeln und schlechtem Gewissen mit sich herumschleppt – nicht gerade förderlich, wenn man andernorts wieder einsteigt. Also: Machen Sie sich genau klar, warum Sie das Alleinarbeiten beenden. Schreiben Sie auf, was Sie nicht hinbekommen haben, und warum. Schreiben Sie aber auch auf, was gut gelaufen ist. Zu scheitern ist erträglicher, wenn man die eigenen Unzulänglichkeiten benennen und dadurch begrenzen kann und sich so nicht auf der ganzen Linie wie ein Versager fühlt.

5.
Abschied nehmen vom Größenwahn: Gestatten Sie sich, ein normaler Mensch zu sein mit Fehlern, der nicht alles schafft, auch wenn es noch so schön gewesen wäre. Nicht jeder wagt seinen Alleingang mit dieser Art der Selbstüberschätzung. Aber wenn es doch der Fall ist: Erlauben Sie sich, zu scheitern. Keiner kann alles, auch Sie nicht. Es ist nicht leicht, allein zu arbeiten, und vielleicht war auch das Projekt, das Sie vorhatten, sehr ehrgeizig. Hätten Sie von anderen Menschen erwartet, was Sie sich selbst abverlangt haben? Sie würden die anderen doch auch nicht verachten, wenn sie es nicht schaffen. Also sollten Sie sich selbst auch nicht fertig machen. Dafür haben Sie andere Sachen gut gemacht, auch das sollten Sie sich klar machen. Sie sind nicht besser, aber auch nicht schlechter als die anderen normalen Sterblichen.

6.
Man sollte dafür sorgen, dass man sich auch später noch ganz genau daran erinnern kann, warum es am Ende nicht mehr weiterging. Der Mensch neigt ja zur Verklärung. Nach ein paar Monaten, wenn die Erinnerung verblasst ist, wirkt auch das Schreckliche, Frustrierende, Enttäuschende plötzlich nur noch halb so schlimm. Das kennen wir auch aus der Liebe: Total entnervt trennt man sich, aber wenn der erste Trubel nach der Trennung vorbei ist, wenn Ruhe einkehrt und man ganz allein auf

seinem Sofa sitzt, dann fragt man sich plötzlich, ob wirklich alles so schlimm war. Ob Arbeit oder Liebe: Für solche Attacken der Reumütigkeit ist man besonders anfällig in Zeiten der Leere. Wenn man nichts zu tun hat, wenn alle anderen beschäftigt sind, wenn man sich einsam fühlt oder das Geld sehr knapp ist und sich nicht so schnell eine neue Arbeit finden lässt. Dann spielt man vielleicht mit dem Gedanken, es doch noch einmal selbst zu versuchen, und in der Erinnerung sind die langen dunklen Stunden, in denen man ganz allein im Laden saß, wundersamerweise auf ein paar Minuten geschrumpft. An die zermürbenden Sorgen, deretwegen man die Selbstständigkeit trotz akzeptabler Umsätze einfach nicht ausgehalten hat, erinnert man sich nicht mehr so genau. Ach was, denkt man, war doch alles halb so wild – spricht denn wirklich so vieles dagegen, es mit frischen Kräften, Abstand und neuen Einsichten noch einmal zu versuchen?

Nun ja. Man sollte sich seinen Mut nicht nehmen lassen. Schlecht ist nur, wenn das, was man für neue Einsichten und frische Kräfte hält, sich dann wieder als Illusionen auf Grund von Erinnerungslücken erweist. Also: Schreiben Sie, so früh es geht, eine Liste mit allem, was furchtbar ist. Halten Sie fest, was keinen Spaß macht, was Ihnen Lust und Atem nimmt, solange die Erinnerung noch ganz frisch ist, solange Sie Frust, Angst, Einsamkeit noch spüren. Schreiben Sie schonungslos alle Gründe auf, warum Sie das Alleinarbeiten aufgeben. Was schlimm ist und welche schrecklichen Gefühle Sie wann und warum hatten. Anschließend legen Sie diese Liste weg, genießen vielleicht den angenehmen Nebeneffekt, dass Sie sich etwas von der Seele geschrieben haben. Wichtiger in unserem Zusammenhang ist aber, dass Sie diese Liste später wieder hervorholen und so die Erinnerungslücken schließen können. Die Liste zwingt Sie dann, die alten Gefühle wieder zu aktualisieren und sich selbst Auskunft darüber zu geben, wieso Sie glauben, dass es beim nächsten Mal besser werden könnte. Vielleicht wirkt das entmutigend, aber dafür ist es realistisch. Und wenn man wirklich denkt, beim zweiten Anlauf würde alles besser klappen, dann zwingt man sich mit einer Negativ-Liste, alles noch mal zu überdenken. Gute Gründe haben schließlich noch nie geschadet!

Der aussichtsreiche Neustart

Einen Neustart als Einzelkämpfer zu wagen, birgt im Prinzip zwei Möglichkeiten: Entweder fängt man ein ganz neues Geschäft an oder man setzt das vorherige mit neuem Konzept fort. Ein ganz neues Geschäft zu beginnen, meint, vielleicht einen neuen Laden zu eröffnen oder aus dem Immobiliengeschäft in die Finanzwirtschaft zu wechseln oder statt als Webdesigner künftig als Grafiker auf dem Markt aufzutreten. Vermutlich wird man dann neue Visitenkarten drucken, vielleicht neue Büro- und Geschäftsräume suchen und für andere Auftraggeber arbeiten. Ein Neustart muss aber nicht so viele Veränderungen beinhalten. Man kann ihn auch als Fortsetzung des bisherigen Projektes mit neuen Mitteln begreifen. Es muss dann natürlich klar sein, dass es jetzt wirklich anders weitergeht. Also macht man vielleicht jetzt innerhalb eines Netzwerkes weiter. Oder man steigt aus einem bisherigen Netzwerk aus, weil man mehr reingesteckt als rausbekommen hat. Vielleicht zieht man mit seinem Laden um, ohne aber das Sortiment zu ändern. Oder man sucht sich ab jetzt größere Projekte, nimmt dazu dann aber Subauftragnehmer mit ins Boot, was man bisher nie gemacht hat. Oder man wirbt jetzt nochmal um eine völlig andere Kundschaft, vermarktet sich mit neuen Mitteln und auf neuen Plattformen.

Ein Neustart ist in jedem Fall eine wichtige Zäsur und setzt voraus, dass man sehr gut analysiert hat, woher beim vorangegangenen, gescheiterten Versuch die Probleme kamen und wie es beim nächsten Mal besser klappen könnte. Folgendes sollte man bedenken:

Sortieren

Wenn man glaubt, dass es äußere Faktoren waren, die die Selbstständigkeit zum Scheitern brachten, sollte man nochmal prüfen: Ist das wirklich sicher? Hat man wirklich keine eigene Schuld? Hätte man nicht doch anders, besser reagieren und den Absturz vermeiden können? Diese Frage lassen sich natürlich nicht immer ganz eindeutig beantworten, und das leidige »hätte, könnte, würde« führt ja letztlich nirgendshin. Trotzdem sollte man lieber einen Tag zu viel als zu wenig darüber nachdenken – um auszuschließen, dass man sich etwas vormacht. Also: War wirklich die Auftragslage so miserabel oder hätte man mit besserer Akquise vielleicht doch mehr erreicht? Es hat ja wenig Sinn, sich einzureden, man hätte einfach bloß Pech gehabt, und dann optimistisch, aber realitätsfern in die nächste Krise zu schlittern.

- Ursachenforschung 1

Wenn es wirklich an den äußeren Faktoren lag: Hatte man sich vorher genau genug informiert? Hätte man vorher etwas ahnen können? Das muss nicht unbedingt der Fall sein, es kann ja sein, dass ein Geschäft jahrelang gut lief und dann plötzlich die Ladenmiete explodierte, nachdem der Hausbesitzer an einen neuen Eigentümer verkauft hat. Aber es könnte auch sein, dass die Umsätze zusammenbrachen, weil ein Kaufhaus in der Nähe schloss, so dass einfach keine Laufkundschaft mehr kam. Und mit offenen Augen hätte man das vielleicht schon absehen können, weil der Konzern, dem das Kaufhaus gehört, schon seit zwei Jahren in der Krise ist. Ergebnis einer solchen kritischen Selbstbefragung ist, den nächsten Start einfach besser vorzubereiten und auch die Anschlussfrage konkret beantworten zu können, wieso es denn jetzt, beim zweiten Anlauf, eigentlich besser laufen sollte.

- Ursachenforschung 2

Wenn die Probleme mit dem Alleinarbeiten selbst zu tun hatten, muss man sehr genau analysieren, wo genau die Schwierigkeiten aufgetaucht sind. Was hat nicht geklappt? Wieso konnte man sich nicht mehr motivieren? Wieso hat man sich so einsam gefühlt, wieso hatte man eigentlich kein funktionierendes Netzwerk? Die Ergebnisse aus der Analyse, auf Grund derer man das erste Projekt aufgegeben hat, kann man gar nicht ernst genug nehmen.

- Erinnerungsliste

Wie war das noch mal ... Nein, diesen Satz sollte man nicht aussprechen müssen. Wie beim geordneten Rückzug kann auch beim Neustart eine Erinnerungsliste unschätzbare Dienste leisten. Die Erinnerung an das, was schlecht gelaufen ist, bewahrt nicht nur vor sinnlosen und schmerzhaften Wiederholungen aussichtsloser Versuche, sondern sie bewahrt auch davor, Schwierigkeiten zu unterschätzen, wenn man es mit guten Gründen und neuen Konzepten noch einmal versucht. Die Erinnerung an Einsamkeit etwa motiviert, seine Unlust zu überwinden und sich regelmäßig zum Besuch von Netzwerktreffen aufzuraffen, was man beim letzten Mal hat schleifen lassen, bis einem total die Decke auf den Kopf fiel. Es ist auch hilfreich, sich daran zu erinnern, wie man sich fühlte, nachdem man sechs Monate lang ohne einen einzigen freien Tag durchgeschuftet hatte, weil man sich scheute, einen Subunternehmer mit einzubinden.

- Ausgangspunkte und Ziele

Abgesehen von der Negativliste als Erinnerungsstütze sollte man auch eine Art Basis-Bestandsaufnahme anfertigen, wenn man wieder loslegt. Also: schriftlich festhalten, wo man steht und was man erreichen will. Fixieren Sie Ziele! Was wollen Sie schaffen, und bis wann? Und was wollen Sie dabei künftig anders und besser machen? Erkenntnisse und Vorsätze, die nirgends nachlesbar sind, verschwinden leicht im Nebel der Erinnerung. Nicht umsonst wird Existenzgründern häufig ein Businessplan abverlangt, in dem die Kalkulation und die Vorhaben fixiert sind. So etwas sollte man auch ganz privat und persönlich für sich in Bezug auf das Alleinarbeiten anfertigen. Also: Die Herausforderungen aufschreiben, die Probleme, worauf man besonders achten will und welche konkreten Maßnahmen man anwenden will. Am besten fixiert man auch zeitliche Ziele oder plant feste Termine ein, an denen man sich Rechenschaft ablegt, wie weit man sich an seine Vorsätze hält.

- Unterstützung suchen

Je nachdem, was man sich vorgenommen hat, kann es helfen, sich Unterstützung zu suchen. In Einzelfällen gibt es verständnisvolle, geduldige und einfühlsame Freunde, die zuhören und beraten. Ansonsten empfiehlt es sich, die Unterstützung eines professionellen Coaches zu suchen: Jemand, der berät und professionell dabei hilft, die eigenen Ziele einzuhalten und umzusetzen.

Ein Coach wird keine praktische Hilfe leisten und vorgefertigte Lösungen mitbringen. Sondern er hilft seinem Coachee, die Probleme zu analysieren und selbst Lösungen zu finden. Dabei begleitet, ordnet und unterstützt er seine Klienten insbesondere dadurch, dass er ihre Einschätzung der Lage und ihre Pläne mit seinem Blick von außen, aber auch mit Hilfe seiner Branchen- und Berufserfahrung kommentiert und ihnen vielleicht eine ganz neue Sichtweise bietet. Herauskommen können eine bessere Selbstreflexion sowie die Wahrnehmung von eigentlichen Kernproblemen, die unter oberflächlichen Symptomen begraben waren. Coaching lässt sich auch sehr punktuell einsetzen – etwa, um ein bestimmtes Akquisegespräch gut zu meistern oder um einen Konflikt durchzustehen. In der Regel wird ein Coaching von Führungskräften in Anspruch genommen, doch es gibt auch Angebote für Einzelpersonen. Wer sich aus der Arbeitslosigkeit heraus selbstständig macht, sollte beim zuständigen Arbeitsamt nachfragen, ob ihm ein Coaching für die Gründungsphase finanziert wird.

Solchermaßen gewappnet, steht einem neuen Versuch nichts mehr im Wege.

6. SCHLUSS

Alleinarbeiten bringt viele Probleme mit sich. Wer es versuchen will, braucht Beharrlichkeit, eine gute Portion Glück und vor allem viel Geduld mit sich selbst. Aber es lohnt sich, diese Ausdauer aufzubringen! Denn wer es einmal versucht hat, wer sich durchgekämpft und durchgebissen hat, der gewinnt ein Selbstvertrauen, auf das er den Rest seines Lebens bauen kann. Er lernt, seinen ganz eigenen Arbeitsrhythmus zu finden und seine Leistungsfähigkeit genau einzuschätzen. Jenseits kollegialer Zwänge und Einflussnahme spürt er genau, was ihm Spaß macht und was eigentlich langweilig ist. Ein Einzelkämpfer weiß, was er kann und was er will. Er hält seine Macken im Zaum und verzeiht sich seine Fehler, aber er ist auch in der Lage, sich zu organisieren und selbst Disziplin aufzubringen, wenn es nötig ist. Er lernt, sich über Normen hinwegzusetzen und eigene Werte für seine Arbeitshaltung zu entwickeln. Wenn ein gestandener Einzelkämpfer sagt: »Ich mache das«, dann kann sich der Rest der Welt darauf verlassen, und er selbst auch.

Gibt es etwas Beruhigenderes als das Wissen, sich auf sich selbst verlassen zu können? Wer es besitzt, kann sich glücklich schätzen, denn es ist ein hohes Gut, von dem man überall zehren kann. Für viele Menschen ist allein arbeiten keine Lebensentscheidung, sondern eine Phase. Der Alleingang steht vielleicht am Anfang einer Selbstständigkeit, oder er ist eine Überbrückung bis zur nächsten Anstellung oder eine Zeit, in der man sich weiterqualifiziert, bevor man wieder im Team arbeitet. Doch gerade dann, wenn man sich wieder mit Kollegen zusammentut, wird man merken, wie viel man gelernt hat in der Zeit, als man allein gearbeitet hat. Erfahrungen mit Motivationsproblemen oder Disziplinlosigkeit kommen wieder hoch, wenn man mitten zwischen seinen Kollegen sitzt und ein Tief hat. Oder man ärgert sich über die schlechte Arbeitsorganisation. Nur weiß man jetzt genauer, woran es liegt und wie man es verbessern kann. Dadurch sind Einzelkämpfer manchmal unbequem, wenn sie in Teams zurückkehren. Sie sind es nicht mehr gewohnt, sich in Strukturen zu integrieren, von denen sie nicht überzeugt sind. Das bringt Konflikte mit sich, aber dafür sind Ex-Einzelkämpfer dann auch diejenigen, die mitdenken, die etwas gestalten wollen und können und die Verantwortung übernehmen.

Wer einem Alleingang ins Auge blickt, ob freiwillig oder gezwungenermaßen, und sich vor der Erfahrung fürchtet, der sollte zwar mit möglichst klarem Kopf die Risiken abschätzen und sich keinesfalls blauäugig in den Untergang stürzen. Im wohl durchdachten Zweifelsfall jedoch sollte man den Alleingang wagen. Nicht nur der Selbstfindung und der wertvollen Erkenntnisse wegen. Sondern auch, weil sich in unserer Zeit das Leben weder privat noch beruflich zuverlässig planen lässt. Fast jeder muss damit rechnen, irgendwann einmal eine Weile allein zurechtkommen zu müssen. Sei es, dass man arbeitslos wird und mit den vielen sinnentleerten Tagen kämpft; sei es, dass nach Personalabbau plötzlich keine Kollegen mehr da sind; sei es, dass man sich gezwungen sieht, eine Weile freiberuflich zu arbeiten, weil der Arbeitsmarkt nichts anderes mehr hergibt. Wer dann in der Lage ist, sich selbst zu organisieren, der hat gute Chancen, solche Krisen zu überstehen.

Und auch wenn der Start ins Alleinarbeiten nicht immer ganz freiwillig ist: Viele Menschen werden richtig glücklich dabei.

ANHANG

Ausgewählte Literatur und Links

Literatur

1. Existenzgründung/Selbstständigkeit

Ulrike Bergmann: *Erfolgreich als Einzelunternehmer*, mvg 2002

Goetz Buchholz: *Ratgeber Freie Kunst und Medien*, ver.di GmbH 2002

Svenja Hofert: *Praxisbuch Existenzgründung*, Eichborn 2004

2. Selbstmanagement

Gitte Härter: *Ja, nein, vielleicht? Entscheidungen leichter treffen*, BW Bildung und Wissen 2004

Gitte Härter/Christine Öttl: *Einfach gut organisieren. So arbeiten Selbstständige und Kleinunternehmer effektiver*, BW Bildung und Wissen 2005

Gerhard Huhn/Hendrik Backerra: *Selbstmotivation*, Hanser Wirtschaft 2004

Marco von Münchhausen: *So zähmen Sie Ihren inneren Schweinehund*, Piper 2004

Hans-Werner Rückert: *Schluss mit dem ewigen Aufschieben*, Piper 2005

Lothar J. Seiwert: *Das neue 1×1 des Zeitmanagement*, Gräfe und Unzer 2003

Lothar J. Seiwert: *Das Bumerang-Prinzip: Mehr Zeit fürs Glück*, dtv 2004

Barbara Sher: *Wishcraft. Lebensträume und Berufsziele entdecken und verwirklichen*, Edition Schwarzer 2004

3. Netzwerken/Kontakte knüpfen

Anni Hausladen/Gerda Laufenberg: *Die Kunst des Klüngelns. Erfolgsstrategien für Frauen*, Rowohlt Taschenbuch 2001

Kirsten Mennenga: *Join in! Virtuelle Netzwerke für Frauen, die schneller Karriere machen wollen*, VDM Verlag Dr. Müller 2005

Christine Öttl/Gitte Härter: *Ich-Marketing*, Gräfe & Unzer 2002

Christine Öttl/Gitte Härter: *Networking*, Hofmann & Campe 2004

4. Unterstützung

Ulrike Bergmann: *Erfolgsteams – der ungewöhnliche Weg, berufliche und persönliche Ziele zu erreichen*, mvg 2000

Britt A. Wrede: *So finden Sie den richtigen Coach. Mit professioneller Unterstützung zu beruflichem und privatem Erfolg*, Campus 2000

5. Hintergrund

Ulrich Beck: *Schöne neue Arbeitswelt*, Campus 2000

G. Günter Voß / Hans J. Pongratz: *Der Arbeitskraftunternehmer. Eine neue Grundform der Ware Arbeitskraft?*, in: Kölner Zeitschrift für Soziologie und Sozialpsychologie 50, Heft 1 (1998), S. 131–158

Links

1. Existenzgründung/Selbstständigkeit

www.akademie.de
Sehr viele Informationen und Online-Kurse rund um Existenzgründung und Selbstständigkeit

http://www.bmwa.gv.at/BMWA/Service/Unternehmensgruendung/default.htm
Informationen des österreichischen Arbeitsministeriums für Existenzgründer

www.existenzgruender.de
Informationen des deutschen Bundesministeriums für Wirtschaft und Arbeit über Existenzgründung, auch über die staatlichen Förderungen

www.existenzgruender-netzwerk.de
Übersicht über Existenzgründer-Projekte; Diskussionsforen

www.gruenden.ch
Informationen über Existenzgründung in der Schweiz

www.g-i-t.de
»Gründen-im-Team« – Existenzgründer-Community

www.mediafon.net
Informationen für Selbstständige in Kunst und Medien, mit vielen Links

www.ratgeber-e-lancer.de
Informationen für Selbstständige in der Informatik und in den neuen Medien

www.frauenunternehmen.ch
Homepage des schweizerischen Unternehmerinnenverbandes, mit vielen Links für Selbstständige

2. Selbstmanagement

www.selbstmarketing.de
Informationen und Tipps über Selbstorganisation, Kommunikation, Arbeitsweisen, Motivation etc.

www.zeitzuleben.de
Informationen, Tipps, Onlinekurse über Lebensqualität und Selbstorganisation im Beruf, aber auch privat

3. Netzwerken / Kontakte knüpfen

www.yahoogroups.de
Hier findet man Mailinglisten aller Art

www.blogg.de
www.blogger.de
Hier kann man Weblogs führen – Tagebücher im Internet

www.weblogverzeichnis.de
Ein Überblick über Weblogs

www.openbc.com
Ein großes Business-Netzwerk mit vielen Einzelkämpfern

www.femity.net
www.orangenhain.net
Businessforen für Frauen

www.successity.de
Ein noch junges Forum, das Leben und Arbeiten diskutieren will

www.thesis.de
www.doktorandenforum.de
Doktorandennetzwerke

www.visitenkartenparties.de
www.visitenkartenparty.biz
www.visitenkartenparty.at
Veranstalter von Visitenkartenpartys in Deutschland und Österreich (wer googelt, findet noch mehr)

www.u-netz.de
Unternehmerinnennetzwerk

www.webgrrls.de
Legendäre Frauen-Mailingliste der ersten Stunde

www.frauen-kluengeln.de
Hier sind viele regionale Netzwerke für Frauen aufgelistet

www.bvsi.de
Selbstständige in der Informatik

www.gulp.de
Projektbörse und Austausch von freiberuflichen Informatikern

www.texttreff.de
Eine Mailingliste von Texterinnen

4. Unterstützung

www.erfolgsteams.de
Homepage über Erfolgsteams

www.coach-profile.de
www.coaching-report.de
Infos über Coaching, Coach-Datenbanken für Deutschland, Österreich und die Schweiz

http://www.i-mento.de/angeb_ment_4.html
Artikel über Mentoring

Umschlaggestaltung: HildenDesign, München
Gesetzt aus der Berkeley
Satz: a.visus, München
Druck und Bindung: Druckerei Pustet, Regensburg
Printed in Germany
ISBN 3-86612-065-6